和食力

日本料理躋身美食世界文化遺產的幕後祕密

辻 芳樹 Tsuji Yoshiki

蘇暐婷 譯

序章　和食驚人的普及率

第一章　在「加州」也有和食？

第二章　和食是多元融合的料理

第三章「美食導師」的必要性

第四章 窺見和食精髓的剎那

第五章　在紐約推出道地的懷石料理

序章

和食驚人的普及率

在紐約街角

為了工作，我經常造訪位於紐約曼哈頓西南方的下城「翠貝卡」（TriBeCa）。

七〇年代紐約著名的「蘇活區」（SoHo），是許多藝術家、設計師匯聚的時髦小鎮，但到了八〇年代，許多時尚、富裕的年輕人，因嚮往藝術生活而搬到這裡，自此，蘇活區的地價居高不下，藝術家與設計師被迫出逃，往南方避難，最後來到了「翠貝卡」，建立工作室與事務所。

翠貝卡這個地名，源自「堅尼街下的三角地帶」（Triangle Below Canal），這一帶原本蓋滿了不起眼的倉庫，直到一九九四年，當地出身的影星勞勃・狄尼洛（Robert De Niro）與如今經營的餐廳遍及全球的松久信幸，共同開設「NOBU」餐館以後，翠貝卡才突然成為鎂光燈的焦點。

自二〇〇一年的九一一事變後，為了重振翠貝卡，勞勃・狄尼洛與珍・蘿森黛爾（Jane Rosenthal）、克雷格・哈克芙（Craig Hatkoff）合力創辦了「翠貝卡電影節」，時至今日，已有超過四百萬人共襄盛舉，經濟效益高達七．五億美金，是衆所矚目的年度盛事。

在各式各樣的領域中，紐約市向來以引領世界潮流聞名，而那些嗅覺敏銳的設計師與藝術家，卻獨鍾於翠貝卡。

如今的翠貝卡，早已發展出令日本人瞠目結舌的風景，那就是「和食」正以驚人的速度與滲透力，席捲這座城鎮。

埼玉縣出身的松久信幸，是木材行的三子，他經營的「NOBU」，在當地的名號早已響亮多時。松久高中畢業後，於新宿二丁目的「松榮壽司」擔任七年的學徒，之後受店內的祕魯常客邀約而出國。他先後於布宜諾斯艾利斯、阿拉斯加等地開設自己的店面，但都以失敗收場，因而到他人店裡工作、沉潛多時，直到於洛杉磯開設「MATSUHISA」後，才華才終於開花結果。開店第三年，「MATSUHISA」就登上了美國餐廳評鑑指標Zagat Survey，並獲得了極高的評價。

我在旅居洛杉磯時，曾經到這間餐廳用餐。那是一間小店，白色的木頭吧檯旁，只設立了幾個餐桌座位。當時，松久會在壽司出菜前，先端上幾道用碟子盛裝的小菜，令我印象深刻。我記得，有用醋味噌與蛋黃醋涼拌的山菜，還有用鹽水煮得恰到好處的貝類，每一道都是使用當天現採的美國當季食材，再配合客人的口味，即興創作而出的佳餚。

勞勃・狄尼洛聽聞「MATSUHISA」的評價後，前往店裡用餐，從此成了松久料理的追隨者。而松久的人生，也因爲勞勃・狄尼洛的一句話有了一百八十度的轉變。

「要不要跟我一起在紐約開餐廳？」

勞勃・狄尼洛提議在翠貝卡開店，於是「NOBU」展開了一連串的攻勢。

「NOBU」在翠貝卡得到了世界名流們的認可，如今在倫敦、米蘭、東京、達拉斯、巴哈馬一共開設了三十間分店，總年收超越兩百億日圓，成了龐大的連鎖餐廳。

但我想提的並不是「NOBU」那令人驚豔的成功。翠貝卡的和食店不僅沒有因爲「NOBU」的光芒而被擊倒，反倒以超越「NOBU」的聲勢，如雨後春筍般崛起。這項事實引起了我的注意。

走過堅尼街的幾個街區，「忍者．紐約」、「TAKAHACHI」、「魯山人」、「Sushi of Gari」「壽司麻布」、「TAKATAKA」、「MEGU」……這些生意興隆的壽司店與和食店排成一列，爭相閃耀著霓虹燈；於二〇一一年、二〇一二年，奪下米其林二星榮譽的素食餐館「嘉日」，也僅在數個街區外而已。

這些店從傍晚（大多是下午四點）開始營業，直到深夜關門爲止，客人總是絡繹不絕。在待客室，許多紐約客邊喝雞尾酒邊談笑風生；進入店裡，日本師傅在白色木頭吧檯前，以俐落的手勢捏製壽司。店裡的每個客人，無不入境隨俗，學起筷子的使用方法。

在這一點都不大的翠貝卡區，竟然開了那麼多家「和食餐館」，彷彿群雄割據，很顯然的，這並非「NOBU」一家的勝利。這些店的價格，從五十美金到一百五十美金不等，客層從年輕人遍及上流名士，各店的經營策略，從單純的「壽司店」，到日本人熟知的道地「居酒屋」都有，豐富而多元。光在這些店裡駐足，就能窺見來自世界各地的上流名士與紐約客的興趣及嗜好，不論在這裡逗留幾日，我都不曾感到厭煩。

單是觀察這一帶，相信任誰都得承認，和食正在引發世界風潮，和食的世界正在席捲全球的大都會。

為何風靡全球？

○●○

從最近的資料來看，「和食」世界的擴展依舊令人驚訝，反倒是日本人似乎不太了解這個現況。《日經商業週刊》（二〇一三年七月十五日號），便曾經引用以下數據來介紹日本料理的普及率。

「全球的日本料理餐廳數量，在這三年內成長了將近兩倍（三萬間增加至五萬五千間）。」

「不只是傳統的壽司店，連拉麵店、咖哩飯店也愈開愈多，範圍愈來愈廣。」

「我們向各國提出問卷『你喜歡且最常吃的外國料理是什麼？』，有四分之一的義大利人與中國人回答：『和食』，而在韓國、法國、香港，答『和食』的人同樣佔最多數。」

「二〇〇二年時，日本料理的市場規模是二〇二兆日圓，到了二〇二〇年，最高將成長至六兆日圓。」

日本經濟在各個業界，總是飽受「孤島化」、「衰退化」的批評，唯有「飲食」卻是一枝獨秀。

那麼，它飛躍性的祕密究竟在哪裡呢？仔細觀察上述現象，將會發現一個趨勢。

那就是，這些誕生於世界各地大都會的和食餐館，經營人幾乎都是外國人，而非日本人，即便是日本人覺得口味道地的店家，也會為外國人開發新菜色，這樣的情形愈來愈普遍。

在翠貝卡區內的和食餐廳，除了「NOBU」以外，其餘幾乎都是由外國人獨力經營，其實一看店名，也知道與日本人的審美觀相去甚遠。就連在英國，規模最龐大的迴轉壽司「Yo! Sushi」的老闆都是英國人（出自前面提到的《日經商業週刊》）。二〇一三年六月，「Yo! Sushi」連鎖店推出的「米漢堡」造成瘋狂熱賣，而且成了倫敦餐飲業的話題，上架僅僅一週，就銷售出一萬個。這道熱賣商品，裡頭究竟夾了什麼呢？答案是「泡菜鮭魚」、「香菜豆腐」，全都不是憑日本人的味覺、口感與想像力能誕生出來的菜餚，而這也充分展現出外國人經營餐廳的特色。

看到這些店名與菜單，恐怕連日本人都會皺起眉頭。不過，只要實際拜訪過這些餐廳，就會知道，最近的和食餐館最大的特色，早已不是「外國電影中出現的典型、古老的日式建築」，不再是紅色的牆壁、燈籠、富士山的畫、穿著歪七扭八和服的女服務生，這些西方人永遠搞不清楚中國與日本的區別在哪的刻板印象，而是擁有全世界最時尚高雅的裝潢，以及手腳俐落、以在「和食餐廳」工作為傲的美國店員。即便是工讀生，問他們料裡的內容與吃法，也都對答如流。如此服務，值得日本餐廳效法。

「Yo! Sushi」開幕於一九九七年，由滾石樂團[1]巡迴公演的英國燈光師在日本旅行時，被壽司不斷於輸送帶上來回的「迴轉壽司」吸引所創立。而這也意味著，近年來和食餐廳的趨勢不再是「日本的東洋異國風情」，而是由一群新世代的人們，基於心目中擁有索尼（SONY）、本田（HONDA）、豐田

（TOYATA）等最新工業技術，以及催生出漫畫、任天堂、動畫等風靡全球的次文化的「酷日本」，所創造出來的「和食風潮」。

倫敦的炸雞排咖哩

○●○

但也因爲他們嚮往的是日本的技術與次文化，因此在「味覺、口感、食材」上自然不會是純正的和風，而這也是異國文化在飲食交流時會面臨的難處。

例如，在倫敦與「Yo! Sushi」集團相抗衡的「Wagamama」集團（老闆是香港人），就因爲提供壽司以外的日本食物而備受矚目，它的招牌菜「酸辣牛肉麵」非常受到受歡迎。這種牛肉麵，湯頭清爽溫和、麵條軟嫩，配料有牛肉、香菜、辣椒、萊姆等，在日本人看來，倒更像越南菜的「越南河粉」。另一道招牌菜「炸雞排咖哩」，從名字很容易聯想到日式咖哩，但調味卻很辛辣，據吃過的人說，香料會讓舌頭痛得發麻。

當然，我相信有些讀者會認爲「那根本不是和食」，若以日本正統爲出發

1 英國搖滾樂樂隊，於一九六二年成立於倫敦。

點，我也十分贊成，但若畫出一張味蕾的世界地圖，以全球的眼光來看，日本人嗤之以鼻的菜色，實際上仍包含在和食的範疇內，在如今的世界，這就是現實。以外國人的口味、口感而言，這些都會被歸類爲和食的一種。

因此，我們不該僅以日本的眼光來侷限「和食」，而要更廣泛地將全球的「和食」納入考量——這是我個人的見解，也是本書的主張。

外國人的嚮往

○●○

其實，現在的和食風潮，並不是由日本人料理的和食向世界發聲、拓展所引起的，這點本書接下來將會詳細講解。當然，我知道在世界各地都有日本人正努力推廣道地的和食，但遺憾的是，效果並不全面。反倒是日本以外的「外國人們」的味覺、口感接受度愈來愈廣，逐漸習慣和風的調味、食材與烹調方法，繼而引發了這波潮流。

我認爲，和食之所以愈來愈普遍，與其說是日本人的功勞，倒不如說是外國人們對日本的嚮往、對和食「低卡、健康」的肯定、對歷史悠久的日本文化敬畏所致。

爲什麼我會這麼認爲呢?因爲我已經看過太多次「外國人吃下和食的一瞬間，面露困惑」的模樣。

我出生於一九六四年，父母在大阪經營調理師專門學校，因家父辻靜雄的教育理念，於一九七六年，也就是十二歲起進入蘇格蘭的公學就讀。在當時，住進如電影【哈利波特】般的哥德式宿舍生活的日本人，非常少見。

直到二十七歲回國爲止，我一共在英國與美國生活了十五年，得以參與到學校同學、一般家庭、商務人士等各種不同族群的外國人，與和食交會的瞬間。在這之前的孩提時代，我也常和父親邀請來學校的外籍廚師、記者們一同圍著餐桌享用日本料理，歸國後，我也以辻調理師專門學校的校長身份，與許多外國人共進餐點。

縱觀來看，我自七〇年代後半直到今日，觀察了約四〇年「外國的和食」。這段期間，和食在世界上的定義、評價、地位，有了龐大的轉變，變化之劇令人嘖嘖稱奇。持續看著它改變，幾乎成了我人生的縮影。

如今的和食熱潮，以及日本人認同的道地口味能被全球接納，對我而言，恍如隔世。畢竟有好長一段時間，我都不敢奢望會有這一天來臨。

在我前往英國留學的七〇年代後半，外國人是如何看待和食的？他們與和食相遇後，又露出了什麼樣的神色？對此，我想先從那些令我永生難忘、最初的「外國文化與和食」經驗開始談起。

「丟臉」的和食體驗

○●○

事情發生在我留學的後一年，也就是十三歲時，我在英國的監護人艾瑪紐耶爾夫婦，帶我前往倫敦的和食店用餐。那一年，我沉溺於學習語言與融入當地環境，完全沒有機會吃到日本菜，儘管當時我還只是個孩子，不像現在「對和食朝朝暮暮」，但艾瑪紐耶爾先生依舊很心疼我。那天，他預約了全倫敦最受日本人歡迎的和食餐館，店裡不但有壽司，還有天婦羅、御椀（即湯品），種類應有盡有。

如今回想起來，這種類型的和食店，大多是因應六〇年代積極向海外拓展的日本企業，而在紐約、巴黎、洛杉磯所開設的餐廳，客層以「駐外日本人」為主。它們提供令人目不暇給的和食「專業料理」（如壽司、天婦羅、蕎麥麵、烏龍麵、烤雞肉串等等），而我就像「愛麗絲夢遊仙境」的主角一樣充滿好奇，加上正值發育期，食慾旺盛，所以實在很想統統來一份。

但就在我邊看菜單時，卻突然想到一件事。

那天的聚餐，由艾瑪紐耶爾夫婦請客，而這也是他們一家人第一次吃日本料理。於是，我決定邊提出建議，邊問他們想吃什麼，畢竟不點菜，這道飯局永遠不會開始。可是，就算我問他們：「想吃什麼」，光聽菜名，他們也不知道會端出什麼樣的料理來，所以我只能試著想像「這他們應該能接受」、「這他們應該會喜歡」，一面解說菜色，一面點菜。

這是我第一次面對這種情況。我不是在餐廳點自己愛吃的，而是要點對方喜歡的和食。那種感覺，就像我突然在餐廳，穿上鑲有日本國旗的日本代表隊制服，站上競賽舞臺一樣。

那時，我心中湧現的情感，以一句話來形容，竟然是「好丟臉……」。在艾瑪紐耶爾夫婦面前，不知爲何，我感到無比的羞愧。

挑不到滿意的菜色

○●○

艾瑪紐耶爾夫婦，是我父親相當敬重的餐廳老闆。

與這家人的緣份，最早可以追溯到太太凱洛兒十七歲那年，於當時全世界最偉大、位在法國維埃納的「La Pyramide」餐廳工作開始。那時，太太的娘家在英國經營全國最大的海鮮連鎖餐廳「Wheeler's」，而先生則是入贅女婿。

凱洛兒的父親與「La Pyramide」的老闆普安夫人（Fernand Point）私交甚篤。這家餐廳的菜色、服務全球首屈一指，年輕時的保羅・博庫斯（Paul Bocuse）與特魯瓦格羅兄弟（Troisgros）都曾經在這家餐廳裡當過學徒。據說當時，凱洛兒的父親曾拜託身爲老闆的普安太太：「讓我女兒在這裡當學徒。」凱洛兒太太在「La Pyramide」實習完後，便帶著成果回國，將家中經營的法式旅館「The French Horn Hotel」經營得更有聲有色。

家父與家母結婚、開設調理師專門學校時，透過他人介紹，認識了「La Pyramide」與普安夫人，之後，家父每年都會前往維埃納，親自向普安夫人請教法國料理的學問。

父親要讓我這個兒子前往英國留學時，也曾向普安夫人商量「如果讓兒子去英國，可以找誰當他的監護人？」那時夫人回答了一句話：「讓艾瑪紐耶爾家來照顧他吧！」

自此，父親與艾瑪紐耶爾家開啓了交流。

然而，即便身爲餐飲專家，即使這一家人對飲食文化都抱有強烈的興趣與好奇心，而且知識淵博，但他們仍是首次嘗試和食，連在倫敦踏入和食餐廳，都是第一次。距今約四十年前，在七〇年代的歐美，和食就是那麼不爲人所知。

在餐廳裡，服務生帶領我們到位子坐下，接著艾瑪紐耶爾先生笑咪咪地看著我，對我說：「看菜單點餐吧！」當時列席的除了艾瑪紐耶爾夫妻倆，還有他們一雙九歲與十歲的兒女。十三歲的我，必須選出讓這一家四口讚不絕口的好菜。

但那時，我心中湧現的卻是「丟臉」。我試著分析爲何會有這種情緒，發現那是一種「恐怕不論點什麼，都不能讓眼前四人滿意」、且近乎絕望的心情。就如同我穿上了胸前鑲有日本國旗的制服，站上比賽舞臺，回頭一看，卻發現我軍全部都是二線選手，無論如何都沒有勝算。

爲什麼我會這麼認爲呢？

在我八歲那年，父親曾經帶我到「高麗橋吉兆」用餐，作爲味覺教育的一環。那時身體依然健朗的大當家湯木貞一先生，爲我們端出了最高水準的懷石料理。打開御椀的蓋子，高湯香氣立刻撲面而來，生魚片既新鮮、擺盤又漂亮，燉菜的每一種料都恰到好處地吸飽了湯汁，口感、比例絕佳，燒烤的火侯精準，令人回味無窮。我從小就以自己的舌頭親自感受它們，將味覺的記憶深深烙印在腦海裡，心目中最道地的日本和食風味，就是在當時記下來的。

然而，接著要在倫敦品嚐的和食，橫看豎看，水準都差太多了。當時還是小孩的我，內心並不認爲英國的食材會與日本的一模一樣，店裡的氣氛也與「吉兆」截然不同，不論店家端出怎樣的和食，恐怕都無法讓坐在眼前的英國人體會和食之美。而我回想這一年來每天在蘇格蘭的飲食，更是發現不論味覺、口感或食材的使用方式，西方的食物都與和食南轅北轍。

那一瞬間，是我初次感受到日本的飲食文化與歐美之間，橫亙著多麼令人絕望的鴻溝。

尷尬貧乏的一餐

○●○

「敢吃生魚嗎？」

我提心吊膽地問，如我所料，一家四口的答案都是：「No」。

「那要吃烤魚嗎？」

「────？？？」

「有喝過御椀嗎？」

「No」

這樣的對話持續了好一陣子。

事後回想起來，那間餐廳淨是充斥著「西方人想像中的日本」以及「東洋風設計」。牆壁上掛著成排的燈籠，燈光是粉紅色的，地板上鋪著鮮紅的地毯，展現出的完全是歐美人想像的「東洋異國風日本」。

菜色也一樣。不論點什麼，出來的一定都是「類似的東西」，不可能端出道地的和食。即使當時我只有十三歲，也明白這層道理。因此，我完全可以想像，艾瑪紐耶爾一家會有什麼反應，這也使得胸口鑲著日本國旗的我，感到無比的「羞愧」。

不僅如此。當時父親便常常帶著我，到在法國擁有好幾顆星的餐廳，與大人們一塊用餐，因此我可以想像在餐廳吃飯時，會發生什麼樣的情況。

例如——哪些菜會深得哪些人的歡心；什麼時候該拋出什麼樣的話題，來炒熱氣氛；如果在座的人不習慣眼前的料理，該如何補救；在下一道菜出來前，要如何轉變氣氛。

身為飯局的主人，必須預測賓客的反應並事前做好準備，這些父親平日就已經默默訓練我了。

但在那天，我的訓練卻絲毫派不上用場。因爲打從一開始我就明白，不論如何絞盡腦汁，都無法讓這一家四口開心地吃上一頓飯。

太慘了。

上菜前，我獨自悶悶不樂，艾瑪紐耶爾一家四口，卻顯得比平常更加熱情，不知是否察覺了我的心思，一想到他們八成是顧慮到我，就令我心情更加低落。

當然，點餐時，我還是盡可能依照每個人的喜好挑出最合適的菜色。到現在我還記得當時的思考模式。

一家之主羅尼先生，負責經營從岳父繼承而來的海鮮餐廳「Wheeler's」，吃生蠔對他來說是件稀鬆平常的事情，那麼鮮魚高湯的御椀或許可行。

我懷抱著一絲希望，先點了御椀，反正法國料理也是從湯開始上菜。

端上來的，是魚湯類的清湯。

四個人新奇地屈起手來，將湯碗的蓋子打開，聞了聞味道，皺著臉，然後小心翼翼地啜了一口。

那一瞬間，他們臉上的表情就像要把口中的液體吐出來，一家四口都是相同的反應，彷彿吃了來自地獄的食物（或者被迫吃了不願吃的食物），臉色十分難看。

正因爲我知道他們會有這些反應，所以那一剎那對我而言更加煎熬。

那時，我恍然大悟了一件事。

「外國人不懂得分辨高湯的味道。」

那個味道對外國人而言，並不是高湯，而是魚腥味。雖然法國料理也有一種叫「Fumet de poisson」的魚高湯，但那只用來當作醬汁的基底，之後還會添加各式各樣的食材，疊上好幾層味道。而身爲和食基礎的高湯，強調的卻是它原本的味道與香氣，重視的是如何凸顯食材本身的滋味。因此對他們而言，這就像是一種飄著半生不熟魚腥味的液體，令人錯愕不已，彷彿根本不該出現，根本不算是一道菜。

之後，他們一口都沒吃。我在他們面前，自然不可能一個人動筷。不論多餓，不論眼前放的是多麼久違的和食，我只能眼睜睜地，看著黑壓壓的氣息，壟罩整個餐桌。

連普安夫人與博庫斯都難以倖免

○●○

其實，這不是我第一次感受到那麼沉重、尷尬的氣氛。事情發生在我留學前的七〇年代前半，父親從法國邀請了普安夫人與保羅・博庫斯，帶他們前往「高麗橋吉兆」用餐，當時我也同桌。

我印象最深刻的，是生魚片端出來時，普安夫人因爲不敢吃生魚，竟然把離自己最近、看起來鮮嫩可口的綠色山葵原封不動地送入口中。

當母親發現普安夫人筷子的動向，喊出：「啊，不行！」時，已經太遲了，夫人早已將山葵一口吞下。

於是，普安夫人在餐席間流下了眼淚。那一幕實在令同行的人不忍卒睹。

但父親即使面對如此絕望的狀況，依舊臨危不亂。父親是一名八面玲瓏的談話高手，他一察覺狀況不對，就立刻開啓新話題，吸引在座的人注意。撇開自家人的身份不談，他那迅速找出話題、引發大家共鳴的天賦，著實令我敬佩。我記得，那天在山葵事件後的兩小時，全都由父親掌控大局。

然而，當時只有十三歲的我，還不像父親一樣能獨當一面。在那間和食店，我一心只想著多點些他們應該能接受的食物，像是天婦羅、炸豬排等炸物，還有以肉爲主的菜色，印象中還點了涮牛肉。

至於他們吃了多少，又是怎麼吃的，我一點都不記得了。可見當時在我面前發生的事情，有多麼悽慘。

我記得最後還點了白飯和味噌湯。現在的英國人自然樂於享用白飯，但在當時，白飯是行不同的，連紅味噌湯他們也一口都沒喝。

我把希望壓在甜點上，點了紅豆年糕湯。紅豆湯的口感溫和、又是甜的，至少太太和小姐應該會喜歡。

結果連我那一絲絲期望，都被徹底粉碎。

他們完全吃不下蜜紅豆，無法接受紅豆嚐起來是甜的。

直到現在，這點也沒什麼改變。對在巴黎開店的老和菓子鋪而言，賣得最差的永遠是紅豆口味。

以上就是我目睹異國文化與和食相互碰撞的經驗談。父親常告訴我「不同文化間的高牆有多麼厚實」，我已親身體會。在倫敦有了悲慘的經歷後，和食在我心中完全定型了。

外國人不可能吃得下和食，畢竟不論味覺、口感還是食材的使用方法，和食都與當時身為全球標準的西餐大相逕庭。和食是怪異的、不被接受的。對於身處異國文化中的十三歲小孩而言，心目中的和食簡直是「一場悲劇」——我所經歷的外國和食初體驗，就這樣在腦海中烙下了刻板印象，令我永生難忘。

但那也已經是距今約四十年前的事情了。回顧當時的經驗，對照我開頭所說的全球和食盛況，當真滄海桑田，令人感觸良多。

和食將何去何從？

○●○

在撰寫本書的二〇一三年十月，除了和食普及全世界以外，和食文化被登錄爲「世界文化遺產」，同樣在日本國內引發了熱烈討論。光芒從各種不同的角度照耀在和食上，讓許多日本人對於和食，有了「溫故知新」的體會，當然，我也對於日本傳統文化「和食」，於日本國內重新被認識，爲世界所認同而感到欣喜。

但在這一片歡欣鼓舞中，有件事情身爲日本人一定要想清楚。

那就是，和食究竟該何去何從？

在這波於國外沸騰的和食熱潮中，和食到底會變成什麼模樣？

而那樣的變化，身爲日本人能夠接受嗎？

就各種意義上而言，我認爲和食因爲擴展到全世界，今後一定會面臨不得不改變的窘境。

而本書，便是以外國文化的角度重新審視日本料理，所試圖描繪的「日本人所不知道的、站在世界舞臺上的和食」。

究竟日本人深愛、親手培育出的和食，在國際上的未來將如何發展？

我想就自身的各種經驗，綜合現況發展，好好思索這件事。

第一章

在「加州」也有和食？

然而究竟為什麼，現在國外卻吹起了「和食」的風潮呢？原因何在？本章將要深入探討這個問題。

黑暗中的料理

○●○

我曾經在某一天的某個時刻，驚覺「以後這個世界一定會給予和食這樣的評價，和食將會擴展出去。」事情是這樣的。

東京銀座的一隅，坐落著一間我一年一定光顧十二次（每月一次）的懷石料理店（那是一間菜色很獨特的餐館，算是廣義的懷石料理店。在本書中，「和食」包含了懷石料理以及專門料理，如壽司、天婦羅等在內）。

它位於住商混合大樓的二樓，客人必須登上狹窄的階梯，店內布置得美侖美奐，但只有兩張桌子，共八人就客滿了。這間店從每月的一日至二十日（週末休息），一天翻桌三次（中午兩次，晚上一次），預約總是滿的。從二十一日開始到月底的休息時間，老闆會準備隔月的菜色並開發新菜單，然後趁這段時間重新提振精神。正因為有這項制度，這間店每個月才能穩定端出日本最棒的食材。

老闆與老闆娘年輕時曾在尼姑庵「月湘庵」的廚房擔任學徒，他們有禪坐的經驗、學過佛教齋菜的基礎、感受過佛事的季節遞嬗。因此店裡推出的菜色，才能超越懷石料理的框架，與自然融為一體；店內的空間設計，也讓人誤入大自然裡一般。

讓我來試著還原今年七月造訪那兒時的情境。推開入口的大門，屋內伸手不見五指。我已經來這間店用餐約十年了，眼前的光景只會提醒我夏天到了、「又到了這個季節」，但若是初次來訪的客人，說不定會驚呼「停電！」呢。

在這一片漆黑之中，老闆娘的手悄悄地伸了過來，伴隨著「請到這裡來」的聲音，牽起了客人的手，引導他們入內。等客人邊摸索邊坐下後，定睛一看，才發現桌上有許多一明一滅的光點，再凝神細看，原來那是停在茂密樹枝上的螢火蟲。

「這是今天從伊豆河津[2]運過來的。每年螢火蟲的季節都會改變，明年的這天也不知道能不能繼續辦這個活動。」

老闆娘一說，客人們才發現原來這是夏天自古以來的「趣味」及「雅興」。多麼精湛的「表演」。

2　位於伊豆半島的一座城鎮。

不一會兒，老闆娘打開了電燈，開始準備料理，她將空調的開關切掉，敞開背後的窗戶，銀座水泥森林的熱氣，立刻流竄入室內，這時老闆娘端來了冬瓜、黃瓜、賀茂茄子，這些「能爲身體降溫」的蔬菜。

例如黃瓜，老闆將黃瓜做成了生魚片的配菜，連同盤子浮在冰水上，要吃之前就將生魚片與黃瓜全部浸到水裡冰鎮，「洗過」之後再吃。把手指泡在冰水裡，眞是沁人心脾。那一瞬間讓我體會到，開冷氣把室內弄涼，再大言不慚地說：「我要吃自然的食物」，是多麼恬不知恥。

不論黃瓜、冬瓜還是賀茂茄子，產地與收穫時期都經過嚴格篩選，每一項都只在這一天的這個時節，才能吃到的山珍。老闆揮灑廚藝，將這些蔬菜的滋味、口感發揮到極致，然後呈現給我們。

置身於大自然中，讓食材的功用發揮得淋漓盡致並且享用它，正是日本人擁有的飲食文化中最大的特色，而這也讓身爲客人的我們感到無比動容。

當然，老闆的刀法堪稱巧奪天工。不但刀刀鋒銳、手勢又俐落。蘿蔔刨片的光澤每一處都晶瑩剔透，我在世界上從來沒見過，能像他一樣把蘿蔔刨得那麼漂亮的廚師。

這樣的料理技藝之所以能發揮到極致，僅能容納兩桌八人的店面規模，便是原因所在。廚房內只有三人，共四座瓦斯爐。廚房就跟普通的家庭式廚房一樣大，但是工作速度仍然流暢，因爲他們嚴格死守了這家店的規模。

這代表這位老闆，對自身料理的想法自成一格，爲了展現理念，他不能隨便蓋一間寬闊的店面及大廚房，而只能縮限於兩桌八人、三名廚師。

這恰恰象徵了我們日本人「具體而微」的觀念。

從泥土孕育而出的菜餚

○●○

我曾經帶日後與我在紐約共同經營懷石料理店「Brushstroke」的美國廚師——大衛・布雷（David Bouley）先生來這間店裡用餐。

布雷先生年輕時，爲了學習法國料理，曾經旅居法國，並在羅傑・佛吉（Roger Vergé）、保羅・博庫斯（Paul Bocuse）、喬爾・侯布雄（Joël

Robuchon）等名廚手下擔任學徒。回國後，他來到紐約翠貝卡，在杜恩街的一座小公園附近開了一間叫做「布雷」的餐廳，概念是「用一點點美味，換得無限收穫」，不一會兒便大受歡迎。如今，他不但是全美最具代表性的法國料理主廚，更是貫徹法國料理精神的餐飲偉人。

我帶他來到這間店時，是我第一次，看見西方人發自內心，爲和食高湯的美味而感動。布雷先生啜了一口御椀後，安靜了好一會兒，一句話也沒說。毫無疑問，他對老闆製作的高湯打從心底敬佩不已，但又實在找不到任何話語來形容，所以只好沉默。

在這之前，我所嚐過的和食高湯，從來沒有得過西方人的認可。即使是年輕的天才廚師，用最棒的昆布、柴魚，熬出清甜無比的高湯，仍舊只有日本人懂得箇中滋味。就像我十幾歲時曾經歷過的，那強烈的「異國文化的和食體驗」，不論西方人表面上再怎麼稱讚高湯好喝，都只是客套話。事實上我也曾經帶布雷先生去過好幾間懷石料理店，但他從未流露出如此認眞的神情。

然而，這間店的老闆熬出的高湯，卻具有讓布雷先生俯首稱臣的魅力。不，不只是布雷先生，相信世界上的任何人來嚐過，都會讚嘆：「太好喝了。」

布雷先生爲料理的滋味感動了一會兒後，巧妙地形容道：

「以前我吃過的和食，都是被『烹調』過的，可是這間店的料理，卻是直接從泥土中孕育而出的，就像直接品嚐大自然的食材一樣。」

於此之前，我曾經不斷摸索各種詞彙及表達方式，試圖描述這間店料理的魅力與令人驚豔之處。然而，身爲土生土長外國人的布雷先生，卻以一句話精準地道盡了日本料理的本質。這不正是超越東洋與西洋料理的「世界共通語言」嗎？

往後若能持續鑽研這句話，和食的食材、技術、季節感，這些日本的文化，一定會不斷影響西洋料理，西方人將會使用更多日本的技術與食材，和食文化與西方料理文化，總有一天會水乳交融。

聽到布雷先生這句話的刹那，我便如此深信。

加州卷的誕生

觀察現今全球餐飲界的大趨勢，會發現不論法國料理、義大利料理、或者其他西方各國的料理，都有一個共通點，那就是味道簡化、份量縮小、熱量減少。導火線來自於一九六〇年代後半，席捲法國料理界的「新料理」（Nouvelle Cuisine Française）。保羅・博庫斯這些新世代的廚師們，紛紛追求起料理簡化、尊重食材、輕食化等理念。他們放棄了從前用來製作醬汁的「奶油炒麵糊」（Roux），改以奶油、鮮奶油提味，煮出清爽的口感。博庫斯所提倡的「市集料理」，也就是廚師親自到當天的市場挑選新鮮食材來烹調菜餚，就是這個潮流的象徵。

到了七〇年代，這股「簡化」的風潮擴及美國西海岸。女廚師愛麗絲・沃特斯（Alice Waters）從食材的生產開始重新檢視材料，成爲美國飲食「革命」的先驅，掀起了「加州料理」的風潮。她提倡的加州料理哲學，在美國各地傳承下來，成爲現代飲食教育的原點。

然而，這樣的想法卻在不知不覺中流於表面，演變成「輕食」料理，喪失了技術的本質。博庫斯就曾經這麼揶揄過加州料理：「你知道爲什麼鐘罩（Cloche，罩在餐盤上的銀製蓋子）會流行嗎？因爲加州料理的盤子上如果不蓋上鐘罩，菜餚就會過輕而飛出去。」

在這「輕食」理念中誕生的變種和食之一，便是「加州卷」[3]。

一名身在西海岸的日本廚師，因爲有感「讓美國人吃生魚實在太難了，不如用當地的食材和調味料來做壽司卷」，而將酪梨、生菜等葉菜類以美乃滋調味，用海苔捲起來食用。這就是加州卷的濫觴。

壽司加美乃滋？怎麼可能！

當初日本人的反應幾乎一面倒地否定它。

但它卻被西海岸的年輕人與上班族接納了。加州卷健康低卡的形象一傳十、十傳百，成了西海岸壽司店必備的菜單，甚至反過來登陸日本，出現在澀谷、原宿一帶以年輕人爲客群的餐廳裡，如今更成爲了迴轉壽司固定的菜色。

自那之後，歐美開始一股腦地追求令人耳目一新的「輕巧」與「健康」，緊接著是更輕巧、更健康，然而在回應這些需求的過程中，光靠西餐現有的技法，

3　亦為酪梨壽司。

已經在「料理簡化」上遇到了瓶頸。這數十年來，西餐不斷把味道調淡、將奶油減少、把鹽撒得更少、燉菜熬得更清爽，然而最後得到的，卻是與「食之無味」僅有一線之隔的餐點。

到了八〇年代以後，和食食譜、技法、食材及其使用方法，成了備受矚目的明星——不是塗了美乃滋的壽司，而是道地的、傳統的和食智慧。

包括如何熬煮並使用西餐所沒有的高湯，以及調味手法、對待食物的觀念、發揮材料的方式、料理的創意與構思等等。布雷先生所說的魅力「從泥土孕育而出的菜餚」，吸引了全世界的目光。

這意味著，全球餐飲界的潮流，正朝著「和食」匯聚。在本書一開始，我曾提到紐約翠貝卡和食餐館之興盛，那絕對不是特殊情況。全世界的廚師們，對和食都產生了興趣。

化。

和老一輩人的差異

○●○

當然，法國料理的偉大廚師們，並不是在這一兩天才接觸到日本的料理文化。

早在東京奧運舉辦前夕，一九六二年開幕的大倉飯店，自營業初期就聘任了法國主廚，一九六六年於銀座開幕的「MAXiM'S DE PARiS」，也請到了皮耶・特瓦葛羅（Pierre Troisgros）擔任第一代主廚（位於法國羅阿訥〔Roanne〕的「Troisgros」在當時是米其林二星餐廳，之後擁有三星超過半個世紀）。皮耶・特瓦葛羅在日本停留了約四個月，據說飯店老闆盛田昭夫（同時也是當時SONY的副社長）便帶著他，嚐遍了各式各樣的和食。到了七〇年代，帝國飯店、新大谷飯店以及大阪的皇家酒店，紛紛積極聘請法國廚師、舉辦料理博覽會，當時來到日本的主廚，想必也邊品嚐邊學習日本的飲食文化。同一時期，家父靜雄也邀請了保羅・博庫斯、喬爾・侯布雄等名廚來到日本，享用了京都與大阪的懷石料理，以及壽司、鰻魚、烤雞肉串、壽喜燒等專業菜餚。

他們不但是名廚、更是老饕，加上當時品嚐的和食全是最高水準的料理，相信即便是外國人，都能立刻就能體會到和食之美。

然而在當時，人們尚未產生融合異國飲食文化的想法，最多只有將罕見的調味料（例如醬油等）用來提味。他們並不曉得這些調味料的釀造工程，在技術面也不知道該怎麼使用。

何況，即使廚師們再怎麼稱讚「遠東的日本有非常棒的美食文化」，客人還是一頭霧水。因爲他們不曾接收過資訊，當然也不會有想吃的欲望。我在前面也寫過我十幾歲時的經驗，日本飲食對一般西方人而言，是一種不合常理的餐飲文化，簡直可以用一句「生的魚可以吃嗎？」來形容。

「不尋常」的菜餚，加上沒人想吃，外國都市供應的和食，自然全都是仿冒品。單靠這些贗品要讓外國人了解和食的好，根本是天方夜譚。

料理文化的全球化

然而時至今日，由於科技進步，地球成了地球村，料理的世界也邁入了「價值集中」的階段。以饕客的角度來看，美食已經全球化，全世界的老饕天天透過各種科技產品，將餐廳的訊息散播出去，就連餐廳與廚師，也不斷發出資訊。

這意謂著，日本雖然位處遠東，料理文化卻在一瞬間分享到了全世界。

在這樣的趨勢下，全球的餐廳與廚師都受到了和食的影響。是否學會和食的技術與本質，姑且按下不談，有的廚師將和食當作時尚潮流，有的廚師將和食視爲料理的基礎與核心，親自學習技術並使用它。認識和食、使用和食，成了一種現在進行式。

這樣的現象毋庸置疑。

和食邁向世界後的三個變化

○●○

邁向世界舞臺的和食，又會迎來什麼樣的變化呢？從過去的歷史來看，朝世界發聲的「和食」，很有可能變成以下三種模樣。

第一種，是像七〇年代的加州卷一樣，完全配合外國人的口味，這以我們的角度來看根本不能稱作和食。我把它歸類並命名為「噱頭和食」。噱頭（Gimmick）原本是指機關、詭計，不過在本書的定義是正面的，用來肯定大膽的創意。

以往在歐美，噱頭和食曾因過度氾濫而遭致批評。儘管判斷基準相當曖昧，但爲了與供應道地日本料理的餐廳做出區別，日本農林水產省便制定了認證制度。這個制度被外國媒體譏諷爲「壽司警察」，目的是取締在全球高掛著「日式餐廳」招牌，卻不斷推出以日本人的料理概念絕對不可能出現的口味與調味料組合的餐館。

農林水產省「守護道地和食」的決心並不難理解，但我反對導入壽司警察制度。因爲「噱頭和食」誕生的背景，其實正與日本餐飲界自成一格的封閉環境有關。

日本餐飲界爲了將日本料理推廣到國外，其實是歡迎外國年輕人來學習日本的料理文化與技術的，但在制度方面（包含簽證等問題），外國人學習和食的環境卻很艱困，換言之，以外國人的角度來看，日本的料理文化與技術，在現實面就如同一個大黑箱。

可是，既然客人「想吃健康低卡的和食」，那外國廚師們也只能想辦法供應日本料理。

嘗試之下，以外國文化角度製作的和食（酪梨配芥末醬油、美乃滋口味的壽司、蟹肉棒的各種用法）便相繼登場。這對和食而言，就某種意義上是無可避免的，硬要取締也只是白費功夫。

何況，這些奇妙的口味剛出現時，大家雖然都認爲那只是「噱頭」，可是隨著時間過去，不少口味都被日本人接納了。今日走一趟便利商店，會發現加了美乃滋餡料的飯糰大受歡迎。這代表我們不能一竿子打翻一船的「噱頭和食」。

第二種，則是雖然不是和食，應用的卻是日本的烹飪技術以及食材的使用方法。這代表外國廚師無疑受到了日本料理文化與技術的影響，並且在西餐中展現出來。

我將之稱爲「複合和食」。

這類和食的「和食」形象並未浮現出檯面，但卻在背後影響了法國料理等全球菜餚。

認同這項理念的廚師，光在法國餐飲界，我腦海中就浮現出好幾位三星名廚。包括巴黎「L'Astrance」的派西卡・巴爾伯（Pascal Barbot），以及羅阿納「特瓦葛羅」的米歇爾・特瓦葛羅（Michel Troisgros）等人。

他們標榜的就是複合式的法國料理。

派西卡・巴爾伯不用法式魚湯來製作海鮮湯，而是以昆布高湯爲基底，添加法國及亞洲的香料，用清爽的湯頭將甲殼類的鮮味襯托出來，並以昆布高湯燉煮的蕪菁，當作鮮魚料理的配菜。

米歇爾・特瓦葛羅，則因其父（皮耶・特瓦葛羅）曾於一九六〇年代，體驗過日本的飲食文化，因此很早就對日本的食材興趣盎然。他在法國栽培山葵、使用柚子胡椒，做出了各種新的嘗試。

於西班牙風靡一世的夢幻餐館「鬥牛犬餐廳」（El Bulli），其經營人兼主廚——費蘭・阿德里亞（Ferran Adrià）也有相同的理念。他在來日期間，與前面提過的銀座和食老闆互相交流，從老闆那兒學到了許多技術。費蘭在「鬥牛犬餐廳」時期研發出衆多膾炙人口的料理，當中應該有不少都是向銀座老闆直接學來的。例如使用葛粉、洋菜這類日本特有凝固劑，但將它們應用進西班牙料理，化爲「鬥牛犬餐廳」的菜單，就是他的眞本事了。費蘭就廣義而言，簡直可以稱爲「和食的天才」。

嘗試「如何製作和食」

○●○

經過以上兩種改變，如今全球餐飲界最新的潮流，是嘗試「如何製作和食」。世界各地都在努力研發，口味、口感能獲得外國民族青睞的日本料理，我將這類料理稱爲「進步和食」。

前面曾提到的，我與布雷先生在紐約合夥經營的懷石料理店「Brushstroke」，便是其中之一。

詳細的內容我寫在第五章。這間店的食材原則上是採用一般紐約超市就能買到的商品，只有一部分的加工品（熬高湯的昆布等）和魚會從日本空運，其餘的肉類、多數的魚、蔬菜，都還是用美國產。菜單有白飯、御椀（湯）、烤魚、生魚片、茶碗蒸等，供應的都是一般日本料理店會有的菜色。但是像烤魚，我們就下了不少功夫，「讓紐約客覺得好吃」，有時店裡也會用一般和食餐館不會用的番茄露來煮高湯，但是整體而言並不脫離和食的框架。那些技術、引出食材美味的方式，都正好踩在和食的範圍內。這點與以加州卷爲代表的噱頭和食並不相同。

重點在於，不只廚師的興趣改變了，在全球的大都會，也有愈來愈多人「想在平日吃和食」。全球各地，都有人抱著「不必去日本，就能吃到當地烹煮的和食」的欲望，因此挑戰製作和食，就成了一件日常普遍的行爲。

我將這個變化，視爲和食進軍世界的第三種類型。

重新整理一遍。類型一「噱頭和食」，是指利用「類似和食的材料」，所做成「長得像和食」的料理。從我們的角度來看，不但欠缺和食本質上的魅力，也不符合日本人的審美觀。

類型二「複合和食」，是指從外表雖然看不出是和食，但卻活用了和食本質技術的料理。

類型三「進步和食」，是指善用和食的素材，發揮和食本質的魅力，並且勇於嘗試新材料與手法，好在異國文化中決勝的料理。

至於「本質的魅力」究竟爲何，這點容後再敘。

受歐美崇尚的「減法美學」

正如我先前所寫的，對外國的廚師而言，與和食相遇早已超過了五十個年頭，當時和食帶給他們的印象，只是遠東的古怪料理，但隨著技術的交流，他們逐漸了解這種飲食文化的深度，並且體會到日本料理獨特的優點——「減法美學」。

不論是烹飪技術、食材的使用方法、調味的方式，都可以縮減、再縮減。把材料烹調成「從泥土中孕育而出的菜餚」，這是日本人獨到的美學。而知道這件事情，對他們而言是很了不起的大發現。

家父靜雄帶主廚們去用餐時，儘管他們對日本的料理文化都抱持著敬意，卻沒有想過要將日本的技術與食材融入自身的料理中。一開始他們雖然覺得醬油很珍貴、而且對天婦羅這種讓食材更鮮明的烹調方式驚訝無比，但最後也只把醬油加在醬汁裡提味，即便用生的魚做義式生魚片，也沒有想過要引進活魚放血等保鮮技術。

但在料理全球化的今日，各種不同類型的西餐廚師，卻紛紛將日本的料理文化融入自己的菜餚中，他們打算創造一波新的潮流，而且正好有客人正渴望它。

反倒是日本人，還不曉得外頭已經掀起這股龐大的浪潮。我之所以會有危機意識，無非是因爲這波浪實在過於洶湧，或許哪天日本國內的和食反而會被捲走。在日本人仍然坐井觀天，用鑽牛角尖的方式思考和食的同時，世界說不定已經掀起了更大的「和食海嘯」。

我聽說近年來，全球柔道運動的勝地早已變成了法國的巴黎。就在日本人以武道精神對柔道爭論不休時，不只是運動場上的輸贏，就連在精神上，西歐都變成了柔道界的重鎭。

和食也有這種可能性。畢竟只有日本人才會認爲自己是和食的正統。以極端而言，難道外資的和食餐廳及連鎖店，不會反過來開在日本嗎？從小的飲食習慣改變，不會讓以後日本人的口味變得南轅北轍，使和菓子老鋪式微嗎？和食好不容易成了日本的文化遺產，成爲軟實力的一隻翅膀，未來卻不再是日本的東西。這一天或許終會到來。也許是我杞人憂天，但我確實抱著這樣的恐懼。

進軍國外所要做的功課

○●○

幸好，有愈來愈多日本廚師走向國外，將受歡迎的專門料理（壽司、天婦羅、拉麵）與和菓子推向海外，這無疑是一劑強心針。最早從八〇年代起，和菓子老鋪「虎屋」便在巴黎與紐約開張，不只這間店，其他也有許多不斷向國外發聲的例子，它們一直不斷投資時間，才終於讓外國人接受。

如今，踩著前人的腳步，全球吹起了和食的風潮。前面我已經介紹過稱霸全世界的「NOBU」，除此之外，還有許多壽司、天婦羅、烤雞肉串、居酒屋等專門料理（以世界的角度來看，居酒屋也是一項專門料理）的廚師前往海外，並且獲得成功。探究他們成功的因素，會發現他們在「發聲」時，一定會徹底規劃好某項「準則」。

究竟和食要在外國成功，不可或缺的「準則」是什麼？

我認爲是「轉換力」。少了轉換力，不論是在國內多麼受歡迎的料理，也無法乘上這波和食浪潮，登上世界舞臺。不論是在國內多麼膾炙人口的菜色，都會被外國文化的高牆阻擋。這樣的例子屢見不鮮。

而這項準則並不僅限於料理。栄餔的「轉換力」其實就相當於文學的「翻譯」。

從老一輩的安部公房、三島由紀夫，到現代諾貝爾文學獎得主大江健三郎，以及暢銷作家吉本芭娜娜、村上春樹等，這許許多多的作家都在國外大紅大紫。他們大多擁有值得信賴的各國語言譯者，協助他們將日文文章，透過初稿、校稿、潤稿、再校稿等手續，轉換成英文或法文的「文學」，並且出版。

文學會敏銳地反應出該國自古以來的風土民情、人們的思考模式，以及歷史。因此翻譯成英文時，一定要有「熟悉日本人的風土民情、思考模式與歷史的美國或英國譯者」來協助。而為了檢查該譯者所翻譯的英文文章內容是否正確，「熟悉美國或英國人的風土民情、思考模式與歷史，並且能以母語程度的英文溝通（書寫）的日本譯者」同樣不可或缺。

經過好幾番驗證與多名譯者的把關，文章才能被「翻譯」，也就是「轉換」出來。這就是文學要傳至外國時，必經的流程。

歌舞伎也一樣。二〇一二年去世的中村勘三郎，在紐約進行【平成中村座】的公演時（那時他叫做勘九郎），並沒有直接演出與日本一模一樣的劇本，而是設計出讓國外觀衆也看得懂的「腳本」。歌舞伎雖是能與西方引以爲傲的莎翁劇匹敵的古典藝能，但他卻配合當地風俗，在舞臺上化身紐約警察局的警察。

這也是「轉換力」的成果。如果缺乏轉換力，不論如何「偉大的經典」，都無法獲得外國觀衆的喜愛。勘三郎明白這一點，而這也是他身爲表演者所具備的強大力量。

「一風堂」的挑戰

○●○

接著讓我們從飲食文化的層面來探討「轉換力」。

舉例來說，紐約的「一風堂」拉麵總是大排長龍。

這間店的起點，源自於原本想當演員的老闆——河原成美，在一九八五年於博多開幕的總店。

當時，博多的拉麵店充滿了強烈的豬骨腥味，地板溼溼黏黏的，店面不但髒，服務也很差，只有熱愛拉麵的男性才肯接近。

這樣眞的好嗎？

河原心中產生了疑問，於是他發揮演員精神，立定目標，決定「開一間讓客人盡興、年輕女性願意光顧的拉麵店」。河原年輕時曾經營過餐廳酒吧，每晚都比客人喝得還要醉，但當他下定決心後，便專心到長濱的豚骨拉麵名店當了一年的學徒，之後又吃遍全國有名的拉麵店，並以「爲九州拉麵店帶來新氣象」的滿腔熱血，開了「博多一風堂」。

當時他最重視的就是漂亮、有質感的店面設計、商品概念、待客服務，以及店裡外的清潔度。

他的攻勢勢如破竹，一九九四年便進駐剛開幕的「橫濱拉麵博物館」，成爲從全國選拔出的八家拉麵店之一。一風堂不斷受到民衆喜愛，緊接著更在一九九五年，於東京拉麵店競爭最激烈的區域之一——惠比壽開店，並且大獲成功，成了名副其實的全國當紅拉麵店。

這樣的「一風堂」，於二〇〇八年，在紐約次文化勝地——東村，開設了分店。

當然在這之前，紐約、巴黎等地也有拉麵店，但那並不是在日本國內成功的餐廳所開的分店，而是一開始就在國外開的。因此，我們這群日本人雖然偶爾會去吃國外開的拉麵店，但那絕對稱不上美味。那些店的老闆也只抱著「在巴黎（紐約）有拉麵吃，這種味道已經不錯了」的心態，水準僅維持在讓派駐當地的日本人及日本觀光客緬懷鄉愁。

但是自從「一風堂」進軍紐約後，全球拉麵界便起了翻天覆地的變化。

「拉麵」該如何轉換？

○●○

東村與此書一開頭提過的翠貝卡一樣，都是對流行非常敏感的人所居住的城鎮。現在那裡也開了許多以和食爲主的餐廳。

在這之中，「一風堂」的成功可謂相當出色。店裡的位子總是坐滿當地的商務人士及粉領族，反倒是日本商務人士及觀光客變得疏疏落落。因爲紐約一風堂已經融入了紐約文化，成功贏得了西方人的支持。

探究其原因，會得到一個結論。

那就是「轉換力」。這間店雖然照樣準備了在日本國內長銷的一風堂拉麵（例如「赤丸新味」、「白丸元味」口味），但它卻與國內的店面有些不同。老闆在紐約店特地下了一番功夫，做了「轉換」。

具體而言，就是把拉麵店的餐點，變成如同其它餐廳一般的套餐。

客人在這間店享用拉麵前，會先在吧檯喝「餐前酒」、品嚐「前菜」。換言之，即使這是拉麵店，它仍舊依循了歐美人用餐不可或缺的「過程」。客人在吧檯喝完「餐前酒」、吃完「前菜」後，才會開始享用「主菜」拉麵。

不用說，拉麵在日本是速食的一種。如果是在中國餐館點套餐拉麵，那又另當別論，但絕多數的拉麵店都不會附上餐前酒與前菜。當然有些人會點煎餃，但那並不是拉麵的「前菜」，而是一起吃的「共菜」。

歐美人（尤其商務人士以及上流階級的人）都很講究用餐（尤其是晚餐）一連串的流程。在待客間圍著桌子、一塊慢慢地享用餐前酒，一邊談天說地，吃吃前菜開胃，然後安心品嚐主菜，這就是他們的「飲食文化」。

不論端出多麼美味的拉麵，只要忽略這些飲食文化，就無法打進當地的圈子。換句話說，若要單以拉麵來決勝負，不論好吃還是難吃、便宜還是昂貴，在這之前，光「文化」就不被他們接受了。

正因爲知道這點，「一風堂」才會做出這番改變。

一進店裡，客人可以先在吧檯區享用「餐前酒」與「前菜」。菜單從「生啤酒」開始，緊接著是「美乃滋蝦球：十美金」、「蒜味蝦仁：十二美金」、「燉豬肉：九美金」、「炸雞塊：八美金」等等。點餐後，這些菜餚就會像法國料理一樣，適量地擺在帶有漂亮弧形的潔白盤子裡，服務生會笑容滿面地建議客人怎麼吃，才能吃得聰明又美味，例如「淋上芝麻醬後，可以視口味加點黑糖蜜」。

那些菜餚都具有超高級居酒屋的水準，好吃到讓人根本忘了身在拉麵店。喝餐前酒搭配美饌，與朋友聊天，那種氣氛就像在吃一頓豐盛的正餐。

等到前菜、聊天、氣氛都讓人心滿意足，心情正好的時候，主菜「拉麵」便登場了。這時就連紐約客，都會一邊發出稀哩呼嚕的聲音，一邊大口吃麵。雖然無法聊天，但因為之前已經聊得盡興了，反倒可以專心品嚐拉麵的滋味。

像這樣在店裡待上約兩個小時，一人總共得付超過五千日圓（約五十美金）。

啊？拉麵要五千日圓？

請別驚訝。畢竟客人不但肚子吃得飽飽的，還可以開心聊天、享受氣氛，因此這樣的價位一點也不高。而這正是紐約客喜愛的「飲食文化」。

何況，老闆不但得從日本空運爲數不少的食材、花費人事教育成本，還得冒著在紐約供應與日本相同口味的「風險」，以經營人的角度來看，五千日圓的每人消費總額，絕對是必要的數目。

這意謂著，「一風堂」並不僅僅以他們絕對有信心的拉麵口味來一較雌雄，而是適度地「轉換」，將拉麵這道單點的日本料理，融入歐美人的「飲食文化」流程裡。結果大獲成功。

「迴轉壽司」慘敗的原因

不過也有不少例子，因爲不願「轉換」，而一敗塗地。

最典型的就是「迴轉壽司」。以前迴轉壽司曾經在紐約及巴黎登場，可是不一會兒就衰退了。

在我於紐約工作的八〇至九〇年代，當時也開了好幾間迴轉壽司店。趕著壽司的流行，「健康又新奇的日本壽司」確實風靡一時，但如今回想起來，當年的迴轉壽司幾乎沒有任何「轉換」，來配合紐約及巴黎的飲食文化。不僅如此，它們也不像日本國內的迴轉壽司店一樣，會爲了贏過競爭對手，而「努力經營」。

舉例來說，日本的迴轉壽司店，只要超過一定的時間，就會把壽司從輸送帶上取下報棄。姑且不論這樣是否有爭議，但這至少是確保新鮮壽司在輸送帶上的方法。有的店家則是只把樣本放在輸送帶上，等客人實際點餐後，才當著客人的面捏製壽司。

但在當時，紐約的迴轉壽司店不但沒有下過這番苦心及功夫，也沒有技術足夠的專業廚師，而僅僅是以迴轉——這種像迪士尼樂園般「新奇」的點子，以及壽司本身的魅力來一較高下。他們根本就不了解迴轉壽司在本質上，具有哪些做生意上的優點。

換言之，這些迴轉壽司沒有任何的「轉換力」，所以客人們很快就膩了。

從這件事情可以知道，要在國外推廣日本的飲食文化，成功與失敗的分水嶺，就在於「轉換力」，這是長年體驗外國文化的我的經驗談。

如今在紐約客之間，除了「一風堂」大受歡迎以外，從日本來到紐約的拉麵店也總是大排長龍，紐約客稱之爲「眞拉麵」，以便與在唐人街的中國料理店可以吃到的拉麵做出區別。不只紐約，在倫敦、巴黎、中東的阿拉伯，甚至是我們辻調集團法國分校的所在地里昂，「眞拉麵」都很受到當地人的喜愛，許多拉麵店也因此生意興隆。

它們成功的祕訣，其實就在於「轉換力」。過去，一風堂的老闆發現博多豚骨拉麵店的環境「又累、又髒、又危險」，導致女性顧客不願上門，於是「轉換」出新型態的拉麵店。這股力量，如今正在外國開花結果。

我如此深信著。

「NOBU」成功的要素

○●○

讀到這裡，有些讀者或許會想「那同樣開在國外的『NOBU』爲什麼成功？」我在前面已經提過了，松久先生在國外開張的「NOBU」，一年的營業額約二〇〇億元，是日本史上最成功的連鎖餐廳。

「NOBU」的料理，究竟是我所說「登上世界舞臺的三種和食」的哪一種呢？

我認爲一開始西方人認知的「NOBU」，屬於「噱頭和食」。在「NOBU」開幕以前的八〇年代，我不確定松久信幸先生是否有供應加州卷，但他的料理的確都是用在美國隨處可得的食材所製作而成，口味也都是迎合美國人。

和其他噱頭和食的不同之處在於，「NOBU」的師傅曾在日本正式學習過壽司手藝，因此可以做出好吃的壽司。還記得我曾在那裡點過壽司，其水準之高，即使在是日本國內吃，也會心服口服，完全不是「既然在國外吃壽司，味道不好也是在所難免」的等級。當然，壽司的食材不是日本產的海膽或鮑魚，而是在美國捕撈的魚貝類，但是事前處理都做得毫不馬虎。

就這層意義上而言，我認爲也可以將它評鑑爲種類二——受到和食影響的外國「複合和食」。我並沒有幫種類一與種類二訂定高下之別，不過以「NOBU」來看，說它發揮了壽司這項強項，從種類一蛻變成二並不爲過。

「NOBU」開在翠貝卡，一晚必須招待三〇〇位以上的客人，跟白天合計，一天共會迎接六〇〇位以上的顧客。這種等級的和食店，在日本眞是前所未聞。

之所以做得到，是因爲它們建構了一個系統。店內的電腦，蒐集了全世界外國人的喜好與口味傾向，包括有錢人偏好的味道、食材、烹調方法等，都有完善的資料庫，並按照國籍、人種、經濟實力，甚至是不同季節分門別類。他們不但將外國人喜歡的菜單數據化，好儲備能量來因應客人任何的需求，而且也很清楚該國家的每一季節會盛產什麼樣的食材，因此會提前進口。

所以，即使位於國外，「NOBU」也能做出讓所有人都滿意的佳餚。

如今的「NOBU」，菜單上網羅了一、二、三種類型所有的料理，成爲一間以多樣性取勝並以此吸引顧客的極端例外的餐廳。或許也可以說，他們運用了和食的技術、食材、季節感，創立了「NOBU」這個獨特的料理領域。

將清酒推向世界

○●○

在本章最後，我想就近年來，日本酒在全球舞臺上愈來愈積極一事，提一下我個人的意見。

日本酒界曾經有段時期，因爲後繼者不足、原物料酒米缺乏供給，導致喜愛飲用日本酒的朋友減少，再加上東日本大地震釀成嚴重的災情，導致日本酒界一片愁雲慘霧。

但他們熬過了地震帶來的傷痛，如今更一躍登上了世界舞臺，在巴黎、紐約、倫敦、杜拜，相繼舉辦日本酒博覽會、試飲會及酒宴，表現相當活躍。

這每一種活動都是很棒的嘗試，但我認爲還欠缺一項東西。

以下我將描述自身的經驗，來告訴各位那是什麼。

那是最近發生的事。我在銀座「金坂壽司」（鮨かねさか）的吧檯區用餐時，坐在隔壁的西方年輕人突然問我：「您是芳樹先生嗎？」讓我嚇了一跳。

爲什麼他會知道我的名字呢？如果是我們學校的畢業生，知道是理所當然的，但他是用英文向我搭話，所以應該不是我們學校的學生。

一問之下，原來他曾經聽過我三年前，也就是二〇一〇年，在加州的CIA（不是情報機構，而是美國著名的廚藝學院，Culinary Institute of American）所進行的演講，當時他聽了十分感動。這位青年對我說：「我是葡萄酒批發商，名叫麥克庫。」並向我介紹與他同席的加州釀酒商第二代老闆——馬特・迪茲。

爲什麼會記得我的演講呢？他說：「當時我聽了芳樹先生的演講，點頭如搗蒜。您提到，要將一種飲食文推廣到國外時，一定要想辦法融入對方的飲食文化裡。我從那之後，就一直在尋找適合日本壽司文化的白酒。就在我尋尋覓覓口味是否搭配的過程中，我找到了聖伊內斯山谷（Santa Ynez Valley）荷那達酒莊（Jonata），由我身旁這位夥伴釀造的Flor酒。」

聽他說，這支酒的葡萄採用的是白蘇維翁（Sauvignon Blanc）以及塞米雍（Semillon）的品種，他來這家店，是爲了試味道。

他請我喝了引以爲傲的白酒，果眞與壽司一拍即合。壽司與白酒融入口中時，完全感受不到魚腥味與葡萄皮的澀味，而且吃完壽司後，嘴裡非常清爽。它的絕妙滋味，甚至讓人忍不住懷疑，如果沒有嚐過壽司，如何創造出如此佳釀？

距離我在CIA演講，不過三年。這位年輕人究竟抱著怎樣求知若渴的心態，才能掌握日本壽司至此？

一想到他努力的日子，我便覺得這次美好的相逢讓我感到幸福無比。

現在，已經是從全世界尋找新可能的時代了。

讓日本酒與法國料理邂逅

○●○

其實，這支酒之所以能勝任麥克庫所挑戰的「壽司與葡萄酒」組合，是因為它身負著餐桌酒的使命。若把法國、加州的葡萄酒引進日本，卻只談論夏多利（Chardonnay）、白蘇維翁等葡萄品種，實際上根本就沒有用。即使加上特級（Grand Cru）、一級（Premier Cru）這些國內的等級評鑑，外國客人也只會一頭霧水。

不只如此，要怎樣打進對方國家的飲食圈，如何提供新的口味、如何將該飲食文化潛藏的魅力引導出來……，少了這些觀點，要在外國推廣自身國家的食物，舉步維艱。

因此，我對於日本酒登上國際舞臺所要提出的建議，就是正式與法國料理合作。

過去，我曾經在巴黎「莫里斯」飯店的三星級餐廳中，看過一名紳士將日本酒倒入紅酒杯中飲用。法國料理配日本酒，在當時的觀感是很詭異的，因此甚至有人詢問主廚亞尼克・阿雷諾（Yannick Alléno）：「要不要阻止他？」當時亞雷諾主廚的心中，或許早已有了「法國料理配日本酒」的念頭，所以他微笑著說：

「沒關係、沒關係，那樣也是法國料理啊！」

三星主廚亞倫・帕薩德（Alain Passard）也是一位非常熱愛日本酒的廚師。他知道該如何針對一項食材，將它的味道襯托出來，甚至因此做過只適合搭日本酒的料理來供應客人，並對顧客說：「這和日本酒是絕配。」

又例如，在大阪提供美味無比法國料理的餐廳「HAJIME」，其主廚米田肇先生便在最近推出了適合配日本酒的法國料理套餐。

加了鵝肝醬、充滿松茸香氣的法式清湯，與熱好的日本酒大吟釀一同上桌。我第一次品嚐時，湯是溫的；第二次在寒冬中造訪，加了松露的法式清湯溫度就高出許多。我也因此發現法式清湯與松露的香氣會因爲溫度的不同，而產生契合度上的差異。這就是爲什麼，侍酒師總是說：「酒要試過各種不同的溫度後才能上桌。」

當然，米田肇先生是日本人，對於日本酒的歷史、滋味自然很熟悉。他基於日本酒的香氣、味道、溫度感受，配合季節，在寒冷的時節把酒溫好，以此摸索與法國料理是否匹配。

我認爲，這正是法國料理的飲食文化與日本酒飲食文化正面的邂逅，更是日本酒邁向世界舞臺時，不可或缺的嘗試。

當然，日本酒業界爲了生存，也做了許多口味上的改良，爲了進軍法國，還研發了壓低酒精度數的商品。這種低酒精度數的酒的功能，是在每一盤菜與下一盤菜之間，洗淨口中的味道，完全是依照連結菜餚的需求改良而來。因此供應給法國人時，就不必特意強調「這是大吟釀，是很好喝的酒」來強加日本的價值觀給他們。

正因爲日本酒產業那麼努力，我更希望業界相關人士，能早一步認眞考慮讓日本酒與法國料理接軌。我希望他們能研究當日本酒端上他國餐桌時，怎樣的品種、味道、風味能與該國菜餚相得益彰。

唯有完成這樣的「轉變」，日本酒才能擁有更強大的力量登上世界舞臺。

我如此深信著。

第二章

和食是多元融合的料理

加州的「All Japan Team」

○●○

那時出現在我們眼前的，是一片「蔚藍的青空」。晴朗的氣候，湛藍的天、潔白的雲，風裡吹送著陣陣薰香，邀請我們前往世外桃源。

地點位於加州納帕郡的聖海倫娜。二〇一〇年二月，我們一行人在如此美妙的環境下，在這塊土地上的全美第一廚藝學院CIA，與各不同領域的廚師組成了「All Japan Team」，並參與一場盛會。

CIA本校位於紐約州，是專業的餐飲教育學院，分爲兩年制及四年制，讀完皆可獲得學位。紐約本校與加州校區，合計共有五千名以上的在學學生，該校的使命是提供全世界最頂尖的專門料理知識以及技術教育。換言之，這是一所培育全球一流廚師的餐飲學校。

如果知道在CIA組成的All Japan Team包含了哪些成員，只要是餐飲界的相關人士，相信或多或少都會嚇一跳。

團長是創立於大正元年的京都老字號料亭「菊乃井」的當家村田吉弘先生；副團長則是法國料理餐廳「HOTEL DE MIKUNI」的三國清三先生。從正副團長的人選就能知道，這個團隊是從日本國內的和食、西餐、專門料理（壽司、天婦羅、壽喜燒等）等店，精挑細選了四十名廚師而來。

目的是在爲期三天的活動「Japan Flavor of Culture」（日本文化的滋味）中，向全美，不，是全世界的餐飲業者及記者，傳達日本飲食文化的本質，以及現今和食的美好。這就是All Japan Team的任務。

團隊群星閃爍，網羅衆多名廚。懷石料理有京都老店「瓢亭」的高橋義弘、「京都吉兆」（嵐山本店）的德岡邦夫、「丹熊北店」的栗栖正博、「木乃婦」的高橋拓兒；壽司有東京「銀座久兵衛」的今田洋輔；專門料理有大阪炸串「六覺燈」的水野幾郎、大阪燒「燒燒三輪」的柏原克己；其他還有壽喜燒、大阪壽司、蕎麥麵、烏龍麵、拉麵、鄉土料理、和菓子等。即使在日本國內，恐怕也無法組成這麼一支料理包羅萬象的團隊。

這三天的行程包括研討會、專題講座、綜合座談會等。世界各國的廚師、記者、餐廳與飯店老闆、科學家，紛紛慕名而來，人數近千人。

在這場盛會上，我負責專題講座並擔任主講者，介紹日本料理（和食）的歷史脈絡。當時我演說的關鍵字，有日本料理「傳統與變革」的歷史，及其衍伸而出的「多樣性」；以及壽司、天婦羅等代表性專門料理的高級化、精緻化，爲現今的日本飲食文化、料理文化帶來了哪些特徵。

當時我講述的個人日本料理觀，主要是參考我素來敬重並信賴的國士館大學二十一世紀亞洲學教授——原田信男的著作而來。

在研究日本飲食文化及歷史的學者當中，原田教授提出的歷史觀規模宏大，從繩文時代一路展望至今，他還研究了寮國的刀耕火種制度，深具全球視野；他也曾在札幌大學教書，將長年被視爲「異國」的「蝦夷」（北海道古稱）與「沖繩」，納入他的研究範圍之內。

對於日本料理，「高級料理（Haute Cuisine）的日本料理史」向來是我最關心的主題。教授的研究內容，便是藉由俯瞰整個茶道與齋菜誕生的過程及發展，條理分明地闡述其歷史脈絡。

在這章，我將以我在CIA專題講座所分享的個人理論爲基礎，融入原田教授指導的其他內容，講述我個人的「和食多元融合論」。

遠東的「食之列島」

○●○

各位是如何看待「和食」的呢？

對於從十幾歲到二十幾歲，將近十五年沒住在日本的我而言，「和食」這個詞彙，最先讓我聯想到的，是日本列島南北綿延三千公里，從各地的風土民情，長年累月孕育而出的專門料理（壽司、天婦羅、鰻魚飯等等），以及鄉土料理等形形色色的日本菜。

人們常說日本列島「又小又窄」，但也因爲這項特質，使日本具有他國領土所沒有的特殊性。首先，日本是一座四面環海的島國，將周長超過一百公尺的小島算在內，幾乎是由六千八百五十二個「數也數不清」的大小島嶼所構成的。由於島嶼眾多、因此海岸線錯綜複雜，總長度長達三萬三千八百八十九公里，是總面積約日本二十五倍的美國海岸線的一・五倍。

而這南北狹長、遍及三千公里的國土，擁有的是豐富多樣的氣候，如北部屬於亞寒帶，南部於亞熱帶。紀錄顯示，當北海道各地都在冰點下時，沖繩、八重山諸島卻在同一時間高達近二十度。

由於國土狹窄，山與海靠得極近，河川就如同毛血管一般，在國土中流竄。歷史的日積月累，使山林豐富的養分匯入大海，在近海創造出全世界數一數二的豐饒漁場。

環繞日本四周的海洋也深具特色。全球首屈一指的強大洋流——黑潮（因浮游生物少，透明度高，看起來形同藍黑色，故得名）從南方往北方流動，之後分裂爲沿日本列島南岸前進的主流，以及朝日本列島北岸前進的對馬暖流。大量的洄游魚類便沿著這道海流，北上前往日本列島的近海。

另一方面，親潮（又稱千島群島洋流）則從北方沿著千島群島南下，抵達日本列島東岸。由於親潮挾帶了許多浮游生物，因此名稱也具有「孕育魚類、海藻的洋流」的含意。

世界數一數二的漁場誕生

黑潮（暖流）與親潮（寒流）的主流在日本列島東岸相遇，形成北太平洋洋流，往東方匯流。此時由於親潮的密度比黑潮高，在混合區域黑潮便會往下沉，形成潮境。隨黑潮北上的豐富魚類為了親潮的浮游生物於是聚集而來，使這片海域的漁獲量及種類豐富而多元，形成全世界極度豐饒的漁場。

由於這樣的自然環境使然，在日本列島近海，各式各樣的沿岸漁業，以及海藻類的採集、養殖、加工技術都很發達。

從商用魚類的資料來看，其豐饒程度可見一斑。

在日本近海，能捕撈到超過全球商用魚類百分之十五以上的品種。與世界各國比較總漁獲量中的前百分之八十包含幾種魚類，差別顯而易見。北歐的漁業大國，如挪威、冰島，前百分之八十只有五、六種魚類，光是鱈魚、鯡魚、沙丁魚、鮭魚及鱒魚，就佔了全體的八成。

而日本總漁獲量的前百分之八十，則包含了十八種魚貝類。例如沙丁魚、鯖魚、扇貝、秋刀魚、花枝、鰹魚、鱈魚、鮭魚及鱒魚、鮪魚、竹夾魚、遠東多線魚等。

看到這裡，相信各位都能明白，日本人習以為常的豐富魚類，在全世界其實是非常稀有而珍貴的。

充滿地方特色的鄉土料理

○●○

在這樣的環境下誕生的，是從北海道至沖繩，反映出極度濃厚地方色彩的食材與鄉土料理。

海岸線一帶，盛行以各種魚貝類為主的漁夫料理。不只生食，乾貨、魚醬等長期保存的食品也應有盡有。

另一方面，往山裡走，就會發現當地盛行用各種野味（鳥、鹿、山豬等）、蕈類、山菜製作料理。雖然此一現象並不僅限於日本，不過，沿岸與山上飲食習慣的不同，確實形成了日本飲食文化的特色。

在此條件下，帶來更深刻影響的，是日本人那近似宗教的自然觀、季節感，以及民俗節慶等儀式。

常有人說：「日本四季分明，不同季節的特色都會細膩地反映在料理上。」這句話雖然沒錯，但其他國家也有一年四季。像法國不但有反映季節變化的菜餚，象徵季節的食材也很豐富。包括非洲、北極、中東，也都有當地人才知曉的獨特季節變化，因此肯定也有應景的料理文化。

不過，正如前面所說的，日本擁有南北狹長的群島結構，以及沿岸到中央群山距離較短、高度差異較大等地理特徵。這與植物的多樣性，氣溫、濕度等氣候變化及特殊性息息相關，人們對於「自然與季節」的感受也因此相當敏銳。

儘管日本人與生俱來的文化源於何處，仍有許多爭議，但至少我們知道，從事農業的人會受自然環境深深影響，不論在世界上的任何地方，都會因為季節及天候的轉換而牽動他們的一喜一憂。日本人崇拜大自然的傾向，以及某種程度上的泛靈信仰，或許就是在與大自然的互動下自然而然形成的。

再加上日本受到了從中國傳入、用來區分季節的「二十四節氣」影響，使得人們對於列島上的季節推移，有了凡事細心觀察的生活態度（其中也包含了祈禱農作順利），因此孕育出如此細膩的文化傳統。我們對「自然與季節」獨特的感性與美學，或許正源於此。

以上述自然觀爲背景培育而出的多樣性，加上下一章要描述的外來文化（中國文明與西方文明）所帶來的影響，歷經長時間的演變，就成了日本獨特的飲食文化。

例如，只有在東北三陸以北與北海道，才能採收到熬湯用的昆布，當地因此發展出昆布的乾燥加工技術；紀州、九州、四國盛行鰹魚捕撈漁業，因此研發出柴魚加工技術。這兩者的相逢，造就了和食風味的基礎——「一番高湯」（僅用柴魚與昆布熬煮的清澈高湯），而這也是源自於日本各地的特色與多樣性。

就像第一章介紹過的銀座和食店，老闆的做法了展現民間習俗與泛靈信仰的自然觀，是和食重要的元素之一。以全球料理文化來看，把對大自然的敬畏，與淬煉出的文化融爲一體，絕對是日本料理的特色之一。

來自中國大陸的影響

那麼，讓我們一起來看看日本的飲食文化是如何發展的吧！

回溯最古老的歷史，會發現繩文時代的遺跡自北海道分佈至九州，可見從各地遷徙而來的日本原住民，爲了在各式各樣的自然條件下生存，曾經不斷地經營他們的飲食生活。

自奈良時代起，日本確立了國家體制，朝廷頒布政令，將水田稻作化爲糧食生產的基石，以及國家主要的收入來源，不但租稅以米繳納，還鼓勵民衆耕種水田以整頓環境（在這個階段，不適合栽種水稻的蝦夷與琉球，發展出了與大和迥異的飲食文化）。這件事情帶給日本飲食文化莫大的影響。

從中國大陸而來的佛教思想，影響也很龐大。當權者下令禁止或限制肉食，成了和食文化的趨勢與特徵之一，這也使得日本料理在基礎上，成爲以米飯、蔬菜、河川或近海捕撈的魚貝類爲主的飲食。

龐大文明的潛移默化

和食在全世界能夠擁有獨特的發展性，另一個理由，或許來自於與鄰近龐大文明間特殊的關係。

古日本發展的文化，大多源自於中國，飲食文明亦然。從奈良時代起，典雅的中國宮廷料理體系便傳入了日本宮中，至平安時期演變爲宴席料理「大饗料理」。大饗料理是宮中的儀式性料理，人們會在名爲「台盤」的木桌上，擺上珍奇、昂貴的食材，並依照生食、乾貨、甜點分門別類，排成一列。以現在的標準來看，這與「烹煮好的菜餚」相差甚遠，它的方法是「把材料切開擺好」，在每個人的手邊放置醬料、鹽、醋等調味料，讓賓客視自己的口味沾著食用。當時人們已有使用筷子與調羹的習慣，盤子的數目則按照中國的習俗，爲偶數。

但在不知不覺中，過去中國所用的調羹在日本失傳了，時間往後推移，到了戰國時代，「大饗料理」更變成了武家的「本膳料理」，盤子的數量也改爲奇數。

用餐工具剩下筷子，盤子的數量成了奇數。

這應該是根據當時日本人的感受而改變的。經歷了數百年，原先的習俗便像這樣依照日本人的性向，逐漸轉變成屬於日本自身的獨特文化。例如，日本人將中國發明的「漢字」運用自如後，又發明了平假名與片假名，獨立繁衍出豐富的日語系統，這與飲食方式的改變，結構是一樣的。

不久後到了十六世紀中葉，地理大發現使得日本受到了遠渡重洋的西方文明的衝擊。這與長年受到中國文明潛移默化相比，影響或許很小，但我認爲，當時與西方人的接觸（主要是信奉基督教的大名與歐洲傳教士之間的短期交流），包含飲食文化在內，對日本都帶來了強烈的震撼。

當時傳進日本，但多少有些變形的新型態食物，有金平糖、蜂蜜蛋糕、天婦羅等。不只這些單一事物，就整體而言，因爲地理大發現而接觸西方文明的一隅，成了日本人意識到「世界」的導火線，這點應該不難想像。

另一方面，在這段時期來到日本的西方人（主要是傳教士），也對於日本文化所擁有的潛能與原創性自嘆弗如。

例如耶穌會的陸若漢，便在他十七世紀撰寫的《日本教會史》中，針對茶懷石[4]的出現寫下以下觀察。

「關於料理，人們開始學會在適當的時機，端出裝飾性的菜餚，並且拋開冰冷食物，製作充分烹調過的熱食，飲食內容因此豐富起來、品質變得更好。」（摘自《日本人吃了什麼》原田信男著／角川蘇菲亞文庫）

或許也可以說，正因爲程度上的差異，日本人才會透過與兩大文明的交會，不斷「汲取對方的優點」，而逐漸發展出自身獨特的文化。

回歸「和風」

○●○

在料理的世界中，許多學者都將日本脫離中國的影響，回歸和風的時期，定位於武士權力完全凌駕於天皇、公家勢力的「室町時代」。以武家的宴席料理確立而來的「本膳料理」便是代表之一。

隨著茶湯文化的發展，懷石料理應運而生，穩定的政治背景使得這種料理文化愈趨成熟，到了江戶時代，更廣泛滲透到各個階層。由於中國帶來的影響歷史悠久，從中孕育而出的和風生活與文化，自然須要長時間來去蕪存菁。

在江戶時代，由於幕府實施鎖國政策，來自海外的影響便被削弱了。

另一方面，因為海路發達、街道完備，各地物產紛紛集中到大都市（京都、大坂[5]、江戶[6]）。江戶時代的三個都市各自發揮功能，發展出日本文化的獨立性，足見江戶是個相當成熟的時代。這點將在下個標題詳述。

4 以品茶為主的懷石料理。

5 「大坂」為大阪的古地名，於明治三年（1870年）改為「大阪」。當時的說法為「坂」字容易讓人聯想為武士叛亂，因「坂＝土反＝武士反叛＝不吉利」，所以改名。

6 「江戶」為東京的古地名，於明治元年（1868年）改為「東京」。因明治維新過後，原住京都的天皇欲遷都，因而將京都（指首都）遷至東邊，亦為現在的東京。

因鎖國而文化定型

○●○

江戶時代有項特徵是在其他時代看不到的，這點我想透過對飲食文化的影響來探討。

江戶時期的日本，就某種意義上而言，有三個國家中心。

第一是將軍居住的「江戶」，第二是天皇與公家居住的「京都」，另一個是由工匠、商人自治開發的「大坂」。江戶設有幕府，住了不少官員；京都有高傲的公家貴族；大坂則有商人，形成了各自的文化圈。

而這並非三權分立的「三都市文化分割」，正是江戶時代飲食多樣性的關鍵。

飲食文化的源頭來自於京都，就像菓子店「虎屋」一樣，京都幾乎是所有高級料理的根源。但當這些高級料理「來到民間」的江戶與大坂後，便受到當地特殊性的影響，出現了成熟的新面貌。尤其江戶在文化上而言，屬於「新疆界」，集中到這裡的人們，僅有極少數出身自當地，因此才能不受歷史與傳統的束縛，在飲食文化上大放異彩。

江戶是一座大型市場

○●○

飲食文化要發光發熱，須要大量的人口與多元的文化。江戶是幕府所在地，德川家康的家臣們入府後，爲了修築江戶城，江戶湧入了大批勞動力與工匠團體。加上又有「參勤交代」[7]制度，總有來自各地的人生活於此，江戶因此擁有其他都市所缺乏的「多樣性」。

交通往返的街道與中途落腳的客棧變得充實完備，是「參勤交代」的副產物。在各藩來來往往、資金匯流的客棧裡，誕生了許多著名的菜餚與土產。

江戶幕府將外地優秀的工匠帶入江戶，在短期內建造了一個巨大都市。爲了供應住在江戶的衆多武士們生活，工匠團體紛紛入住。與關西一帶的工匠聊天，常常可以聽到他們說：「是我們的祖先創建了江戶城。」在那個時代，工具、建築、飲食、衣料等各領域技藝高超的工匠們，幾乎都出身自近畿。

7 各國大名輪流前往江戶，替幕府將軍執行政務一段時間，再回到自己的領土。

從這些面向來思考，就會知道江戶爲什麼擁有這麼多人口。

龐大的飲食市場因此誕生。

速食「壽司」的出現

在江戶時代，出現了一種新型態的食物，成爲往後日本飲食文化的中流砥柱。其出現的背景來自於「人口爆炸性地增加」。

壽司、天婦羅、蕎麥麵等，這些流傳至今的和食專門料理，在當時是爲了因參勤交代而成爲江戶居民的地方武士，以及爲謀求工作而從外地隻身前來江戶居住的工匠所提供的速食。

在這裡我將以「江戶前[8]壽司」爲例，來看壽司誕生的過程。

相傳壽司（sushi）的語源來自「酸」（supashi），用「鮓」這個字來表現，最貼近原意（出自《和食與日本文化》原田信男著／三聯出版）。壽司傳入日本時，原本是東南亞爲了保存魚類，以米和鹽讓魚發酵、引出鮮味的「發酵食品」。用鹽醃漬魚肉，會產生胺基酸發酵，與煮好的飯混在一起，便會引起乳酸菌發酵。

這稱爲「熟壽司」，現在保留在琵琶湖周圍的鮒壽司、吉野的釣瓶壽司、秋田的鰰壽司、金澤的蕪壽司，都還留有當時的技術。

不過這種「讓魚發酵再食用」的技術，到了江戶末期卻開始「變形」，成爲「生食」的壽司文化，分水嶺是關西的箱壽司、押壽司這類早壽司的登場。「早壽司」是指在技術上不須要發酵，而是以醋飯爲基礎，再加上用醋泡過、蒸過、烹調過的魚或蔬菜。京都有名的鯖魚壽司便是將鯖魚塗上一層鹽，用醋浸起來，相當於醃魚。今日的生魚壽司，就是從這裡分化出來的。

由此可見，發祥自東南亞的「發酵壽司」，與如今的江戶前壽司，在技術上幾乎沒有關聯。以往的人們爲了保存魚肉，會用米來發酵，後來不知從什麼時候開始，變成把醋加進飯裡，與生魚一塊食用，它的最終型態，就是在江戶末期登場的「江戶前握壽司」。

這種在江戶時代登場的壽司，一開始是以攤販「簡便外食」的形式出現，

8 江戶前方的海洋，即東京灣。也代表從東京灣撈上的新鮮海產。

能在今天蛻變成絢爛豪華的飲食文化，原因大抵脫不了前面提過日本列島的多樣性，以及生魚和日本人愛吃新鮮食材的偏好一拍即合。

不只壽司，鰻魚飯、蕎麥麵、天婦羅，同樣在江戶時代以速食的身份誕生。透過師傅們鑽研技藝的巧手，這些菜餚才能精鍊成如今店舖形式的專門料理。

在本章開頭，我以衆星雲集的陣仗，鄭重介紹了爲CIA舉辦的「Japan Flavor of Culture」集結而來的「All Japan Team」，原因就在這裡。

「京都吉兆」、「菊乃井」、「瓢亭」等懷石料理，是由京都出身的公家貴族與關西富商間的高級料理文化；壽司「銀座久兵衛」與蕎麥麵「總本家更科井堀井」的根源，則是江戶時期，以隻身來到江戶居住、工作的人爲對象，進而普及的速食文化。

當然，這兩者都在時間洪流的淘洗下，反覆砥礪、琢磨，於該領域不斷高級化、精緻化。師傅之間也經常改良、更新技術，開發新的營業模式。

在這樣的歷史背景下，過去國內的懷石料理師傅與專門料理廚師幾乎不曾共聚一堂。但正因爲他們彼此都很努力精進手藝，所以當他們在CIA組成All Japan

Team時，才能互相切磋一番。

如此衆星雲集的陣容、令觀衆瞠目結舌的各家手藝，正是今日和食具備多樣性的鐵證。這場向世界展示日本料理多樣性的盛會，具有非凡的紀念價值。

茶湯與懷石料理

接著要告別專門料理，來看日本的高級菜餚「懷石料理」的歷史。要探究懷石料理的誕生，首先得追溯幾個源頭。

其一是「齋菜」。「齋菜」出現於五至六世紀的中國，由於中國的大乘佛教嚴格禁止葷食，用穀物、蔬菜製作的料理因此相當發達。這個時代的齋菜作法，是將蔬菜蒸、煮、炒，加上厚重的調味，來模擬葷食。之後到了唐代，隨著水車的普及，麵食技術應運而生，中國特有的素食也愈來愈蓬勃發展。到了南宋，由於禪學、飲茶與齋菜彼此連結，禪宗寺院因而發展出高度的烹調技術。日本僧侶前往南宋後，將齋菜帶回了日本，日本人便在麵粉裡加入芝麻、味噌調味，運用植物性食材，廣泛發明出類似葷食的口味。

另一方面，自南北朝[9]後，北海道的昆布開始於市面上流通，使現在以昆布、柴魚的味道爲基底的烹調法普及開來。

進入室町時代，武家料理變得比鎌倉時代更豪華奢侈，將軍宴客，總會擺出一桌堆滿豐盛菜餚的「本膳料理」。它不像大饗料理，須要自己沾調味料，而是像現在一樣，用柴魚與昆布調味。自此，日本料理出現了用火煮熟、調好味道的烤菜、燉菜、與湯品。本膳料理的盤子與菜餚數量都是七、五、三等奇數，不會一次放在台盤上，而是分好幾階段一字排開，讓賓客循序漸進地品嚐美饌。

一般認爲，這個時代正是和食擺脫帶有濃厚中國色彩的大饗料理影響，成爲獨特道地的日本料理年代。十四至十六世紀的這項改變，爲「懷石料理」的誕生開闢了一條新道路。不消說，當時的背景正是齋菜自中國傳入，使烹調技術獲得了長足的進步。

齋菜與本膳料理確立後，烹調手法與形式逐漸接近今日的模樣。然而，要讓我們熟知的高級日本料理誕生，還有另一個重要的源頭，那就是「茶湯」的發展。

茶能提神醒腦，在鎌倉時代末期普及至民間。當時喝茶帶有競賽性質，規則是喝下某一品種並猜出來，就能獲得獎品，稱爲「鬪茶」。到了室町時代初期，茶會上開始出現葛粉條與麵線，以及各種山珍海味，被視爲今日懷石料理的雛型。

在室町時代，富商之間很流行舉辦茶會。當時還產生了以和漢融合爲目標，而非模仿中國的「侘茶」[10]概念，其中一位核心人物——武野紹鷗，奠定了以料理佐茶的基礎理念，因此懷石料理可以說是透過侘茶才確立的。

由於茶湯發祥自禪院的茶禮，懷石料理也受到了齋菜的影響。齋菜雖是這個時代的代表性料理，卻因爲食材受限，加上本膳料理是儀式性菜餚，所以並未普及開來。而懷石料理，則隨著茶湯的推廣受到老百姓喜愛。

茶道的基本精神是「一期一會」[11]，主人必須以一顆赤誠的心對待賓客，招待客人享用茶與料理。爲此，他們往往會發揮巧思設計菜單，竭盡所能地表現用餐的時空。例如融入季節感、善用當季的食材，透過色彩、比例與立體感來裝飾、擺盤，調和料理與器皿，甚至連上菜時機都得反覆推敲。

先前提過的銀座和食店，會在用餐前讓螢火蟲於房裡翩翩起舞，營造季節

9 一三三六年至一三九二年，日本分裂為南、北兩個天皇與皇室的時代。

10 幽靜質樸、遠離塵囂的飲茶風氣。

11 一生中僅有一次相見的機會，必須好好珍惜。

感，就是一期一會精神的體現。

關於懷石料理，傳教士陸若漢也曾在《日本教會史》中寫下以下評論。

「茶湯宴會（中略）一改舊習，拋卻多餘、繁重的事物，這對日常飲食帶來了莫大的影響。」（摘自《日本人吃了什麼》）

具備濃厚儀式色彩的本膳料理，受到茶道「閑靜寂寥」的精神影響後，遂演變出懷石料理。懷石料理不強調外觀的豪華奢侈，熱的食物就要趁熱吃。這意味著，重視品嚐菜餚的懷石料理誕生，是日本料理史上的一大改革。

到了江戶時代，作爲宴客料理的本膳料理，以及隨茶湯一塊享用的懷石料理，便逐漸深根至民間了。

高識字率催生食譜

○●○

江戶時代的飲食水準之高，也體現在當時陸續出版的各式食譜，以及像米其林一樣的餐廳指南上。

一六四三年（寬永二十年），日本發行了最早的正式食譜。

書名是《料理物語》，書中具體講解了菜餚的材料、作法，並將食材依照海水魚、淡水魚、蕈類等分門別類，還規劃了湯品、涼拌等單元，一共二十個章節。

出版食譜的背景，來自於江戶時代平民老百姓的識字率極高，這在全世界是很罕見的。在地理大發現時來到日本的傳教士，其撰寫的日本隨筆中，也屢次提及他對日本人的高識字率有多麼驚訝。

有這樣的背景做後盾，自江戶中期以後，像《豆腐百珍》這類原本針對專業廚師的食譜，便被當作寓教於樂的讀物陸續出版，廣受老百姓喜愛。江戶的料理文化因此達到鼎盛，伴隨著休閒要素，成為平民的娛樂及享受。

當時人們還會像相撲一樣，為餐館排名，例如「這家是大關[12]」、「這家是小結[13]」，培育廚師的文化便在大夥七嘴八舌的議論下產生。我認為，料理知識往外擴張所引起的百家爭鳴，也是江戶時代飲食文化多元、成熟的基礎之一。而江戶這座大都市形成的消費型社會，助長了這項發展。

12 相撲中的最高等級。

13 相撲中的最低等級。

從世界飲食文化的歷史來看，江戶時代剛好是法國法律學者、政治家，同時也是天才美食家——布里亞・薩瓦蘭（Jean Anthelme Brillant-Savarin）撰寫《美味的饗宴》（*Physiologie de Goût*，時報出版）的時代，但法國平民似乎不太可能讀到布里亞・薩瓦蘭的書。因爲法國大革命是在一七八九年發生的，在這之前，只有王公貴族與富裕的中產階級才能擔任文化的推手。這是日本與世界的不同之處。

「和」與「洋」對立概念的產生

眾所周知，日本在明治維新前解除鎖國政策後，產生了與「和風」文化相對的第二主軸——「西洋」文化。爲了與西方列強並駕齊驅，日本推行歐化主義，宮中的正餐甚至是法國料理。葷食禁止令解除後，西方飲食文化，諸如肉類、牛奶、乳酪等乳製品瞬間湧入。當然，人的口味很難在一朝一夕間改變，因此日本人並沒有立刻接受。

然而，日本人卻很擅長將長驅直入的西方文化轉換成和風。例如在當時誕生的「壽喜燒」，就是將西方飲食文化中的肉，用和風飲食文化的醬油、高湯製成的醬汁調成日式口味，再沾上雞蛋食用。

即使在今日，西方人或印度人吃了我們口中的「洋食」，例如炸豬排、炸蝦、咖哩飯等菜餚，想必也不會認為「那是產自我們的飲食文化」。來到將天婦羅傳進日本的葡萄牙，幾乎看不到炸得金黃酥脆的炸蝦；咖哩亦然，印度咖哩與日本咖哩使用香料的方式根本不同。

帶外國人去日本最頂級的炸豬排店用餐，應該不會有人不樂意，但若告訴他們，這是從西方來的飲食文化，他們不但無法理解，也不願意認同。他們會說：「這是日本人的料理。」

我們的祖先面對蜂擁而至的西餐飲食文化，靠著自行咀嚼、脫胎換骨，將西餐精鍊化、高級化，提昇為自己的東西。包含飲食在內的日本文化，就是這樣一邊吸收異國文化、一面產生新的價值觀，這些進化的歷史為日本提供足夠的養分，使日本能度過明治時期近代化的驚濤駭浪。

而這也是和食多采多姿的原因所在。

日本版米其林的特色

從法國傳入的導覽書《米其林指南》，也展現了和食豐富多彩的特質。這本書始於法國，在義大利、西班牙、葡萄牙、德國、英國、愛爾蘭等歐洲各國都有發行，二〇〇五年以後，更跨出歐洲，先後在美國與日本發行都市版（《東京・橫濱・湘南版》、《京都・大阪・神戶・奈良版》、《北海道特別版》、《廣島特別版》）。

日本版米其林的特色，是將和食分爲許許多多的類別，例如「日本料理」、「鰻魚飯」、「蕎麥麵」等專門「居酒屋」、「齋菜」，以及「壽司」、「烤雞肉串」、「炸串」、「鰻魚飯」、「蕎麥麵」等專門料理料理，每種類別都能獲得星等，這在其它國家的都市版是看不到的。像巴黎版，雖然有各國料理的分類，也有地方菜餚的介紹，讀者可以知道想吃亞爾薩斯的酸菜可以到哪、想吃普羅旺斯的馬賽魚湯又可以到哪，可是書中並沒有專門料理店這項類別。

這意味著，從歐洲評審的角度來看，日本飲食文化中五花八門的料理，不但無法概括評比，還應該大書特書。儘管有些聲音質疑外國人怎麼能夠評斷和食，不過反過來看，或許正因為是外國人，才能觀察到日本飲食文化的本質（多樣性）。

日本的飲食文化就是那麼絢爛迷人，在每個領域，都能看見專門、精鍊的技術。手藝高超的師傅們，一面守護傳統，一面在幾百年來精益求精，並且傳承至今，這件事情非常值得我們驕傲。

多樣化的廚藝學校課程

○●○

若要再多記一筆飲食文化多元的例證，我會舉在全世界的廚藝學校中，沒有任何一個國家的課程內容，像日本一樣豐富充實這個例子。

一般而言，不論哪個國家，廚藝學校的課程內容都只有本國菜與法國料理，頂多加上中國菜與亞洲料理。相對的，日本廚藝學校的課程，除了日本料理外，還有法國料理、義大利料理、西班牙料理、中國料理，連甜點都學得到。這項制度的優點，是學生能透過學習各式各樣的菜餚，充分了解不同的技術帶有哪些特徵。

近年來，陸續有國外學生以這些課程為目標前往日本。除了韓國、中國、台灣、泰國等亞洲圈以外，還有從澳洲來的學生。他們不是來學日本料理（和食）的，而是學習法料理。問他們為什麼來日本，回答是，日本的飲食文化非常迷人，而且可以上到各種豐富的課程。

從學習的角度來看，日本在全世界依然是個充實飽滿的國家。

「NARISAWA」的嘗試

從江戶時代以後的和食潮流，以及日本國內飲食文化的變遷來看，相信各位應該都能接受，日本的飲食文化是多元融合而來的。

那麼往後延伸，目前日本又產生哪些最新的料理呢？

以下我將介紹位於東京青山的「NARISAWA」餐廳作為範例。這間店的老闆兼主廚——成澤由浩，曾經讀過辻調集團法國分校。雖然本書的主題是「和食」，但我想各位已經猜到，我爲什麼要介紹這位學法國菜出身的廚師。

成澤先生將「NARISAWA」的菜餚，命名爲「森林料理」。

第一道上桌的，是盛入竹筒中的水。聽完服務生「這是森林精華」的說明後，將鼻子湊近竹筒一聞，果眞傳來微微的木頭芬芳。店家之所以請客人喝這杯水，我想目的應該是希望，讓身處都市叢林中的客人，心能回歸大自然。

前菜是擺在木板上、堆得像座小山，裝飾成「青苔」與「木炭」的料理。青苔是用豆渣做的，上頭擺了用牛蒡皮做成的樹枝，以及楤木芽等山菜；木炭則是把蔥塞進焦化的油炸麵糊裡。這道菜就像齋菜的素肉一樣，發揮了「模仿」的精神，把與大自然相對、與宇宙共生的日本人靈魂呈現出來，令人聯想到茶湯與懷石料理。

用餐後不久，服務生便將最後發酵的麵團端上桌，並在前菜結束時，準備一個加熱至一百二十度的石頭器皿，將麵團放上去烤二十至三十分鐘。烤好的麵包熱騰騰的、有嚼勁，裡頭摻了山椒芽與柑橘類的皮，嚐一口，清爽的滋味立刻化開來。

接著上桌的是炸小香魚，它的姿勢就像在游泳一樣，腹部朝下擺盤。店裡還有一道名叫「春菜園」的蔬菜料理。這裡的每一道菜，都展現了「與自然融爲一體」的哲學。

就我看來，成澤先生的料理，並不只是單純地把法國料理改成日本風，而是將日本的食材，施以中國料理、日本料理、西洋料理所有的技法，可以說是屬於他自己的懷石料理，是一套有故事的餐點。他就是這麼一位手藝高超的廚師。

他在就讀法國分校時，已經是一位優秀的學生，當時的指導教授對他的評價是：「他是一個在味覺、行動與指揮上，都完美契合的廚師。」換言之，他不僅能靠自己的手腕，還能調度周遭的人，朝著他心目中理想的味道邁進。就算我現在請他做傳統的法國料理，他也能燒出一桌好菜，手藝精湛，這就是鐵證。我想他不擅長的，大概只有甩中式料理的大炒鍋吧！

這樣的他爲什麼要推出「森林料理」呢？我從這裡頭，窺見了日本多元飲食文化與未來接軌的苦心。

換言之，在如此精鍊、高級化的日本料理界，光是做出好吃的菜是不夠的。廚師必須打破法國料理、和食、懷石料理等既定的概念，跨越領域，追求（多元的）新境界。成澤先生自己也曾經說過，他的料理是「冒險的」、是「開發中」的。這是他窮思竭慮，拚命思考下個時代的日本料理文化後，所完成的作品。

全球料理界頒給「NARISAWA」的最高榮譽，證明「NARISAWA」的努力與態度並沒有錯。由世界名廚、美食評論家、記者精心篩選的「全球五十間頂級餐廳」中，「NARISAWA」連續五年入榜，其中還有三次獲選為亞洲最佳餐廳。

可見從客觀欣賞日本飲食文化的外國角度來看，「NARISAWA」的嘗試，再再體現了日本料理的多元化。

分析當今的全球餐飲潮流，推論下一波會興起什麼樣的料理，並且努力實現。不是依樣畫葫蘆地抄襲國外技術，也不是模仿他人創造的流行風潮，而是忠於用最棒的材料熬煮高湯的基本原則，然後踏出步伐，探究如何達到「新的美味」。關於這點，成澤先生永遠不落人後。

就這層意義上而言，他是一位很特別的廚師，甚至可以說是孤芳自賞。但正是因為他的堅持，才為日本料理開拓了多元文化的路。如今的我是用這樣的心情，來看待他做的料理。

第三章

「美食導師」的必要性

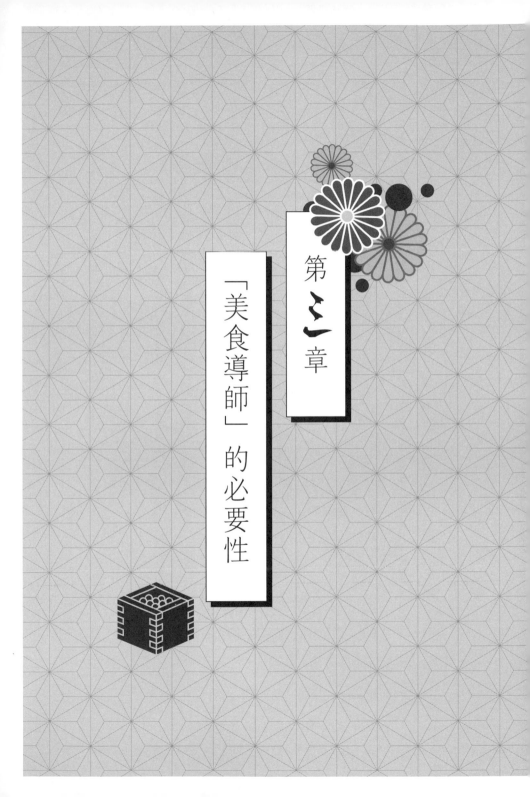

知道高湯的滋味嗎？

○●○

米其林三星和食店「銀座小十」的奧田透先生，確定要在紐約開店了。他是一位從以前就備受矚目的優秀廚師，最近接受媒體採訪時，他說了一句話：「日本料理乃至整體日本文化，都陷入了危機。」（摘自日經商業ONELINE，二〇一三年八月九日）。這裡說的危機，大致如下。

長期不景氣，導致客人不願光顧消費金額會超過五千日圓的餐廳，尤其在首都以外的地方。吃和食的人正在逐漸減少，等到靠速食與便利商店長大的世代到了三十五歲，成爲職場的中堅份子後，日本人或許就不再須要和食了。

就像我先前提過的，不論和食如何受到全球認可，甚至登記爲UNESCO（聯合國教科文組織）世界無形遺產，在日本國內，道地的和食眞的還能持續生存嗎？年輕人能夠好好傳承它的味道嗎？如果人們對和食的態度，像對柔道一樣愛理不理，和食的重鎭遲早會轉移到國外（像柔道就轉到了法國）。

這雖然還構不成恐慌，但它的確造成了我心底的不安。

而我也常常聽到同樣擁有這種憂患意識的餐飲業者，向我拋出疑問：「現在的年輕人知道眞正高湯的滋味嗎？」

其實不只高湯，要掌握和食的口味何其困難。是啊，問現在的年輕人「你知道眞正的高湯是什麼滋味嗎？」恐怕很難得到令人滿意的答覆。更進一步說，光是如今的飲食環境愈來愈複雜，就足以讓探討這個議題變得非常麻煩。

畢竟高湯的味道就某些意義上而言，除了是「料理的基底」以外，同時也被當作「調味料」來使用。在普通的飲食經驗下，人們鮮少將高湯獨立出來品嚐。

常煮和食的家庭，以及會親自下廚的人，自然會在烹飪的過程中確認高湯的味道，然後記住這種滋味，有些家庭則是母親會將味道傳承給孩子。然而，若是在沒有這種習慣的家庭中長大的年輕人，要他們說出：「這高湯的味道如何？」也太強人所難了，還不如籠統一點地問：「這道菜好吃嗎？」至少每個人都能回答一些感想。

然而，和食口味的結構關鍵終究在於高湯。便利商店與家庭式餐廳所供應的和食，加的是用調味粉沖泡而成的高湯，儘管那並不是用精挑細選的昆布、柴魚，以適當份量與時間熬成出「眞正的高湯」，但那仍然是高湯。各家廠商無不悉心鑽研技術，所以要一竿子打翻一條船其實有待商榷。尤其他們做出了許多極度美味的高湯粉，喝一口，根本無法區別那是不是眞正的高湯。

話雖如此，但要了解和食，還是得嚐過眞正的高湯。關於這點，我最近聽到了一則令人有些驚訝但又振奮人心的好消息。

本校於新宿設立的研討會「辻調塾」，最近邀請到了出版《目標！營養午餐甲子園》一書的紀實文學作家——神山典士先生。那時，神山先生帶來了他書中第一章的主角——在文京區某間小學擔任營養師的松丸獎先生（二十九歲）。

松丸先生小時候個子很矮又體弱多病，直到當時的營養師老師鼓勵他：「多吃蔬菜就會變強壯。你最喜歡的棒球選手松井也是因爲吃了好多好多的蔬菜才長大的喔！」才打起了精神。他慢慢地改善飲食，除了長高以外，跑步也變快了，而他始終忘不了那段日子，於是長大後，成了營養師，決定在學校工作，設計營養午餐。從那之後，他便把目標放在做出讓孩子吃得開心的午餐，以及讓孩子吃下不敢吃的食物上，爲此，他沒有一天懈怠。具體的例子，像是他曾經說過：「我們學校營養午餐的高湯全部都是廚房現場熬的，如果當天吃拉麵，那麼湯頭就要跟『大勝軒』一樣，如果吃和食，就要和『東京吉兆』如出一轍。」

松丸先生為了追尋美味的高湯，甚至還偷偷繞到以沾麵聞名的「大勝軒」與「東京吉兆」的後門，從裝食材的瓦楞紙箱上記下產地，向業者批發同產地的東西。當然，他能運用的營養午餐材料費有限，所以想必有著一身談判交涉的好本事。能夠每天吃這些營養午餐的孩子是幸福的。有了這樣的飲食習慣，我想家家戶戶都能培養出會說：「這個高湯味道有點淡」或是「這和學校營養午餐高湯的味道層次不一樣」的孩子了。

不只高湯，松丸先生還連續兩年獲選為在每年秋天舉辦的「全國學校營養午餐甲子園」的東京代表。這個大賽的主題之一是「地產地銷」，所以他積極拜訪在東京都內種植「江戶蔬菜」的農民，全心全意挖掘自己故鄉生產的食材。畢竟讓孩子們津津有味地吃家鄉的食物，能加深他們對故鄉的情感。

透過比賽，營養師們也不斷精進，使得最近許多學校供應的餐點不但變好吃、營養均衡，而且菜色也更豐富了。對於這份踏實的努力，我由衷佩服。

然而，在這樣得天獨厚的營養午餐環境下長大的孩子終究是例外。其他人又該如何磨練他們的味覺呢？本章將要針對這點來詳細探討。

味覺三代？

日本自古就有「味覺歷經三代始成」的說法。但我相信，廚師的味覺並不非得靠家庭環境才能鍛鍊，透過自主的訓練與成長，仍然可以成型。何況，一連三代的美食世家，如今幾乎不復存在了，如果不能自主學習，日本的口味就要失傳了。

當然，老是吃家庭式餐廳或便利商店的重口味料理，舌頭一定會漸漸痲痺，對清淡的口味愈來愈不滿足，而想要吃更辣、調味更濃、油脂更多的菜餚。

但若是感受細膩的人，能夠自發性地維持良好的飲食習慣，那麼不必一連三代，相信也能磨練出敏銳的味覺。

事實上，就連本校的學生，在結束高級法國料理醬汁的實習後，也會去鄰近的便利商店買便當或吃拉麵。當然這是難免的，就算當上廚師，也不可能餐餐都吃用高檔食材做成的料理。

面對這樣的同學，我會建議他們「偶爾奢侈一下」。把一個月努力打工的錢存下來，每個月「放縱（自我投資）」一次，鎖定一間心目中理想的高級餐廳去用餐。

屆時，就要將重點放在「邊思考邊吃」上。平日是否養成邊思考邊用餐的習慣，長年累月下來，將會產生天壤之別。

要去高級餐廳時，可以思考的主題多得數不清。

例如食材的狀況、食材原價的估算、烹調方法、調味、服務狀況、服務系統、店內桌椅的配置、顧客的動線、裝潢等等。

光是把菜餚送進口中，嘀咕「好吃」、「難吃」，是不會進步的。料理是一種綜合的藝術，從所有的角度一邊思考、一邊品嚐，自然就能培養出對味覺的鑑別能力。

將這些經驗累積起來，對於高湯，就會產生屬於自己的想法了。

磨練和食的鑑賞力

○●○

一如前面所述，我在國外的生活，從十幾歲一直持續到二十幾歲後半，回到日本已經二十七歲了，從那時開始，我就提醒自己要時時刻刻鍛鍊對和食的味覺。

我訓練的指標，是能夠分辨出每位廚師所煮的「御椀味道的差異」。和食，尤其是懷石料理的師傅，就是在這項修行的過程中，透過「御椀的味道應該如何」的教導，而被培育出來。這意味著，每間店與師傅都有他們展現獨特口味的方式，而他們會再將這些傳承給弟子。

所以，有時即使手邊沒有任何資料，走進一家新開的店，啜一口御椀，仍然可以知道「這位廚師屬於哪個流派」，或者「他累積了什麼樣的技術與經驗」。

因爲工作的關係，在我能夠辨別御椀的差異之前，我時常拜訪懷石料理老店，細細品嚐並且謹慎「分析」御椀的味道。

當然，御椀的調味、主要的配料、高湯的使用方法，除了因地而異，有時也會隨季節改變。注意這些細節，好好品嚐，不斷重複，就能培養出對和食的審美概念了。

畢竟，日本人在全球可是數一數二的愛喝葡萄酒。有業餘人士挑戰侍酒師執照，也有不少人在家裡開派對，使出渾身解數，分享自己喜歡的葡萄酒。

既然葡萄酒可以，和食就不可能做不到。即便是帶著「想揭穿廚師祕密的野心」來品嚐御椀也無妨，我希望熱愛和食的人，都能挑戰看看。

以最好的為指標

○●○

「從最棒的東西開始體驗」，是訓練味覺的方法之一。

例如到知名「老店」或常上雜誌的餐館，點一份御椀，細細品嚐它的味道，然後先將它當作自己對料理的基準。下次有機會到其它店喝御椀時，再拿該基準來比較，用自己的方式分析那碗湯「是否表現出廚師個人的特質」、「味道的濃淡如何」、「配料與湯汁的搭配度」等等。但要知道，人的評價可能會隨著自身的年紀、身體狀況而改變。

我從小喝「高麗橋吉兆」湯木貞一郎先生的御椀長大，回國後也常到高麗橋與築地的「吉兆」享用最高水準的御椀，因此我深信不疑，那就是御椀唯一的標準。

直到後來，我嚐到了「瓢亭」高橋英一先生與「本湖月」穴見秀生先生的料理，這才注意到，不但嗜好會隨著年齡改變，對於技術多樣性的接受度也會拓寬，進而看見過去看不見的重要事物。

例如，到年輕廚師開的店裡用餐，有時會遇到廚師用柴魚高湯來一決勝負。柴魚的確可以煮出濃郁的高湯，但有時也會殘留莫名的酸味。相較之下，技藝純熟的廚師，就不一定堅持用柴魚，而會添加其他魚類的肉乾，熬出美妙、高貴、細膩的滋味。

問題不在於哪種味道比較好，而是吃的人喜好不同。雖然這兩種都很棒，但隨著年齡與經驗加深，饕客便會一眼看出他們在技術上的差異。這對吃的人而言，是一件很有趣的事情。

御椀基本上只用水、昆布、柴魚（魚貝類等海鮮）、鹽、醬油，這五種材料做成，但十位廚師卻能熬出十種不同的滋味，這不是很神奇、很有意思嗎？令人不禁深感味覺的奧妙。

比方說，在「瓢亭」，最後與飯一起的端出的御椀，裡頭放了黃魚、淋上葛粉湯，添加的就是鮪魚乾高湯。它的口味非常厚重，與吉兆的御椀截然不同，但我卻重新發現了它的美好，這果然須要一定的年紀與經驗的累積。

御椀可以說是懷石料理的石蕊試紙，能充分顯現出廚師的實力。因此每當我遇見新的廚師，總會迫不及待地嚐上一口御椀，感受裡頭自然流露出來的人格特質。

料理是綜合藝術

○●○

順帶一提，雖然我很期待新的際遇，但在現實生活中，眞的能在店名與廚師都默默無聞、名不見經傳的餐廳裡，遇見美味的佳餚嗎？很遺憾，非常困難。我至今從來沒有遇過這樣的店。

在小說與連續劇中，或許會出現餐廳門可羅雀，料理卻驚爲天人的情節，但這種事情還是當作天方夜譚就好。

料理是全方位同時發展的，包含打掃的方式與外場接待人員的服務態度在內。光從上面兩點來看，我大概就能知道這家店會提供什麼程度的菜餚。反過來說，如果一間餐廳在某些地方有缺陷，那麼對它的料理就不能抱有太大的期待。

從店內的陳設、老闆娘的言談舉止，到餐具的等級，這些全部加總起來才能算是料理。因此一間好的餐廳，自然會具備相應的格局。

好的餐廳即使一開始並不爲人所知，顧客仍會相繼前往，然後一傳十、十傳百，成爲一間名聞遐邇、生意興隆的店。因此要在人潮稀稀落落的地方，遇見頂級料理，幾乎不可能。

同樣的，套餐中好吃的也不會只有御椀。不論廚師多年輕，只要御椀好喝，就說明了這樣的美味將會是整個套餐的主軸，前前後後的餐點都會很出色，整頓飯下來盡是人間美味。相對的，如果御椀不行，那麼其他的菜也會同樣糟糕。

品嚐時，有些事要謹記在心

○●○

用餐時，如果我是初次前往某高評價的店或討論度高的餐廳，那麼有幾件事情我會特別提醒自己。

首先，不要一開始就否定對方，或者倒過來，不要抱著過剩的期待。不論對自己的味覺多有信心、過去在怎樣的店裡有過用餐經驗，面對料理時，都要將自己的感覺「歸零」，否則容易引起不必要的沮喪。

到高級料理店，以及預約一位難求的餐廳用餐時，大部分的人都是和重要的朋友、另一半、家人一塊前往，所以心裡難免特別期待。當然期待並沒有錯，但若心中早已有了先入爲主的觀念，認爲「味道應該要這樣」、「這應該是怎樣的一家餐廳」，那就會大失所望了。

把自己歸零，坦然地面對料理，否則對廚師而言，有失尊敬。

還有幾件事情，是我平日出外用餐時會謹記於心的。

◎不要和餐點已經端上桌，卻仍喋喋不休、話說個不停的人一起用餐。每道菜都有它們最適合享用的時刻，例如握壽司，放上壽司台的那一瞬間是最美味的。如果邊喝酒邊聊天，把壽司晾在壽司台上，就會錯過最好吃的時機。

◎聚餐若是以品嚐料理為主，不要六人以上同行。這是為出餐的店家著想。家父常說，和食店的餐具基本上是五個一套，當人數超過時，端出來的餐具就會不成套。若是單點式的店家（像是專門料理店等），六人以上同行，會讓廚房很難同時出餐。如果東點一點、西點一點，內場就會忙得不可開交，自然不能期待廚師會在做菜時下多細膩的功夫。

◎不要和有可能發生衝突的人，以及無法盡情討論的人一起用餐。吃飯吃得開心、吃得津津有味是很重要的，我知道有些人會希望藉由用餐，與感情破裂的人重修舊好，然而一旦吵架，餐點就變得索然無味了。就我自己而言，我很不擅長面對沉默寡言的人，所以不光是無法掌握說話時機的人，我也沒辦法和無法盡情聊天的人一起用餐。

◎不和不尊重料理、廚師、食材的人同桌吃飯。也不和愛挑剔菜餚、炫耀半吊子知識的人用餐，否則容易造成我的困擾，因爲沒有比聽那些嘮叨更痛苦的了。反過來，如果有人口中吃著美味無比的食物，臉上卻面無表情、毫無反應，那也很無聊，我會希望他可以告訴我自己的感想。想讓餐點嚐起來更美味，彼此都要互相尊重、包容才行。

健康管理

○●○

到心目中理想的店用餐時，一定要讓自己的身體保持在最佳狀態。例如我絕對不會在肚子不餓的時候外食，有些人習慣在下午三點吃點心，有的人則是午餐比較晚吃，這樣就無法在晚餐時津津有味地品嚐美饌了。所以我一定要求自己十二點吃午餐，如果不在這時候吃，我就渾身不對勁。如果拖到下午兩點才吃，到傍晚時肚子還不餓，晚餐就浪費了。

倘若眞的晚吃了，我就會在下午抽出時間運動。光是騎騎腳踏車、稍微跑跑步，就能幫助胃部排空。

睡眠不足、疲勞、壓力，是美食最大的勁敵。我如果在前一晚喝太多酒，或者因爲工作而熬夜，既累又想好好吃頓飯時，就會在下午至少睡個五分鐘，讓身體休息一下。

我認爲這是對廚師的尊敬。既然廚師必須花長時間準備，爲我們端出完美的料理，那麼身爲用餐的客人，想吃上一頓完美的餐點，面對食物時就要抱持相當的覺悟。鑽研料理，正是這麼一場知性的搏鬥。

餐廳的輪替

○●○

另外，我也會在一個月前就決定好，下個月的晚餐要在何時、何地、與誰一塊吃什麼，當然，這和我的工作與吃相關是有關聯的。我會想好要在哪間餐廳吃什麼樣的菜，哪些種類的料理又要如何輪替，來排定我的行程。

在我的餐廳名單裡，有超過十間是我常年光顧、幾個月就必須去一次的店。如果是跟我第一章提到的銀座和食店一樣，每個月都會隨著季節感調整氣氛的呈現、食材與料理的餐廳，那就得按月前往。也可以說，我是要去確認廚師如何烹調那一年、那個季節的食材，總之這些餐廳，非嚐不可。

除此之外，我認爲還要勇於嘗試新餐廳與新廚師。我想邊嚴格篩選我信任的口味的廚師所帶給我的資訊，邊伸出雷達尋找新的想法。爲了這點，不論多忙，我都會抽空出門。

老實說，要遇見新想法是不容易的。我們常說「人才十年難得一見」，擁有創新思維的人才，一輩子況且碰不到幾個，更遑論親自找出來？

所以我期待的其實是廚師們對新口味的組合與挑戰，以和食而言，就是與一邊守護和食的輪廓、一邊發揮創意之人的想法邂逅。

技藝高超的人何其多，但我更想遇到的是擁有新思維的人。發現一個人具備高明的技術，固然可喜，但在想法、知性上與新事物相逢，卻會讓我感到無比的快樂，也更引起我的興趣。即使那道料理可能在口味上多少不合我的胃口，但在想法上卻能令我感到愉快。因爲我知道，只要秉持著和食的精神，追尋可能的精髓表現，就會有無限的可能性。

日本擁有優秀的新生代師傅

○●○

雖然日本缺乏令全球驚豔的創意，以及所有人都公認的天才廚師，卻擁有技術扎實的新生代廚師，不但水準極高、人數也眾多，這就是日本的優勢。如今的日本，有太多美味的食物，坐在餐臺前，就能享受各式各樣的佳餚美饌，這樣的國家全球罕見。

現在要找天才廚師，都會將全世界納入範圍裡，邊吃邊找，但他們絕對找不到任何一個國家，像日本一樣如此精通廚藝。日本飲食文化的強項，在於新生代廚師的技術、知識非常雄厚，及其壓倒性的人數。以全球來看，實力之堅強，世界第一。

例如前幾天，前橄欖球日本代表隊選手——平尾誠二先生（現任神戶製鋼橄欖球部總經理兼教練），邀我前往位於兵庫縣蘆屋的法國料理店用餐。平尾先生告訴我：「這是我常光顧的店，我想聽聽看你的想法。」

當時正值初夏，廚房端出了香魚料理。最近的年輕法國料理主廚，特別喜歡在這個季節挑戰香魚。然而就我的經驗來看，在法國料理中挑戰香魚且成功表現的例子並不多，因爲香魚是一種很難處理的食材。

但這間餐廳的小霜浩之主廚的料理著實令人驚豔。他將香魚的內臟劃開來，與可可混合，做成魚醬，並將魚身去骨，分爲腹部的前半段、後半段與尾端，沾上薄薄一層麵粉油炸，然後與前面的魚醬、小黃瓜凍拌在一起供客人享用。香魚與黃瓜是很對味的食材，所以經常搭配在一起。他沒有使用一般香魚會沾的蓼醋，而是以小黃瓜凍與可可香氣佐香魚，眞是相得益彰。

炸的手法也很優秀，保留了香魚若有似無的苦味。醬料方面，香魚內臟的苦不但沒有被可可全部掩蓋，還多了一股可可香氣與內臟的甜味。

主廚雖然年紀輕輕，卻擁有扎實的技術。而這間位在蘆屋住宅區的餐廳並不大，僅能容納八張桌子。

這幾年來，我遇過不少這樣的店與廚師。儘管這並不是多偉大的新發現，但那一瞬間，我總會沉浸在又有新的廚師誕生、能做出如此佳餚的喜悅中。由此可見現在一般餐廳的水準愈來愈高、技術也愈來愈穩定了。因掌控火候的技術與低溫烹煮的數據不再是業界的祕密，只要擁有技術，任何廚師都能嘗試新的烹調法。

在日本享用料理，便能與這些廚師相遇，細細品味他們的手藝。遇到年輕廚師時，我也會給予鼓勵，讓顧客陪廚師一同成長。我想，這正是在日本才能體會到的幸福。

不知當季食材的年輕人

在我們學校觀察到的時下年輕人，他們的味覺以及對食物的態度，幾乎可以用「一無所知」來形容。所謂「一無所知」，指的是他們鮮少有機會親自觀察、碰觸一年四季會有哪些蔬菜，在海裡、山上的哪個季節又能採到什麼樣的食物。從社會現況來看，這也是無可奈何的事。

加上現在有機會接觸到日本道地懷石料理的年輕人愈來愈少了。本校有許多外地出身的年輕人，他們對鄉土料理與家庭料理相當熟悉，但自幼去過當地高級料理店的人卻寥寥可數。

到底該怎麼做，才能讓這樣的年輕人傳承道地的和食文化呢？要怎樣才能讓他們嚐到真正御椀的滋味呢？不只年輕人，事實上連老一輩的人也很少有機會接觸。能品嚐正宗懷石料理的店愈來愈少，僅存的又過度昂貴，氣氛讓人不敢進入，因此這真的非常困難。然而雖然艱難，我相信還是有突破的出口。

其中之一，就是「導師」概念。

何謂導師？

○●○

料理的「導師」，可以引導出一個人的感受與想法。

和食的初學者要踏入料理世界時，如果身邊有個導師陪著該多好。當然，我身邊有家父靜雄這位難能可貴的教育家，在「吉兆」默默聽著父親與湯木先生的對話，對我而言就是最棒的課程。

在吉兆，我總是不發一語，集中精神聽他們說話。家父健在時，我陪父親去了十五年的吉兆，除非他們有問題問我，否則我向來沉默不語。

當然，那是因爲他們兩人的對話十分熱絡，還是小孩的我，心想絕不能隨便插話。總之，父親非常健談，他會問各式各樣的問題，再微不足道的細節都會向湯木先生仔細請教。他從不記筆記，全部仰賴記憶，所以有時題目會重複。

而湯木先生也會不厭其煩地回答。不論父親問什麼，都不會說：「我不知道」，針對問題，他總是毫不隱瞞地答覆，父親便會一一確認、證實，請湯木先生「稍等一下」，把話題往回帶，將問題複述一遍，彷彿他曾經當過記者。

過去他們兩位，曾到歐洲旅遊，光顧頂尖的餐廳與飯店，嚐遍美食。後來父親將當時的經歷統整成《歐洲一等旅遊》一書，在旅途中，他也針對料理的疑問向湯木先生追根究底，後來催生出與湯木先生的料理哲學對談錄《吉兆料理花傳》一書。

湯木先生則將當時的論述寫成了《吉兆的味道》，他的同門師兄弟看到了，問他：「你爲什麼要把我們做菜的祕訣統統公諸於世？」湯木先生是這樣回答的。

「話不能這麼說，因爲我認爲還有許多人的天賦等著我們去引導。」

與其藏私，不如分享出來，催生出新的變化。

對我而言，這樣的一來一往，就是最棒的料理課了。

猜猜廚師幾歲？

○●○

當然，一般情況下是不會有這麼一位導師在身邊的，所以我想來思考一下更普通的教育方式。

我們家的另一個教育方法，是玩「猜猜廚師幾歲」的遊戲。每當我與父母、姊姊，一家四口前往懷石料理店或外地的溫泉旅館時，父親一定會問我們這個問題。

「做這道菜的廚師幾歲？」

當然，我們並沒有見過那名廚師，有時甚至是第一次去那間餐廳。但是父親認爲，料理會自然而然流露出廚師的人格特質與年齡。

一開始我們只是抱著好玩的心態，但在重複了幾次後，我竟然漸漸從料理的內容，推測出了廚師的年齡。

像是從菜單的編排、調味、肉與魚等食材的使用、刀法、擺盤、器皿的挑選等地方來推斷，不知不覺中，我每次猜，誤差大概都在五歲以內。

父親因爲這樣，挑起了我對料理的興趣，使我愛上了料理。現在回想起來，父親是刻意這麼做，好讓我們自然而然喜歡上美食。並且培養我們從小就能從料理中察覺廚師人格特質的能力。

就某種意義上而言，這樣的指導實在很淺顯易懂。

學習調味

○●○

熟練「猜猜廚師幾歲」的遊戲後，我對和食調味的興趣，轉移到了燉菜上。燉菜與御椀同樣具有複雜的結構，包含烹調蔬菜的技術等等在內。

大體上，燉菜所使用的蔬菜，最多三種。這三種的味道必須確實區分，火侯的調節也得分開。廚師將它們盛入同一個器皿後，會請客人享用三種蔬菜的滋味與口感，然後一口氣把湯汁喝掉，這時湯汁的味道非常重要。如何收尾，可說是做燉菜的人最重要的技巧。父親與湯木先生曾告訴我，湯汁是最後才喝的，所以廚師一定要考量飲用時會呈現怎樣的滋味，做出完美的收尾。那時湯木先生的語氣是這樣的。

「黃瓜味道就是要這樣，茄子的味道就是要那樣，還有這個苦味一定要留下來。不止這些，最後把碗拿起來，一口喝光湯汁時的味道更是關鍵。」

這個說法如今仍深植在我的腦海。從湯木先生說的話，便能窺探出日本料理的味覺，自古以來是如何傳承的。

就像他曾經在茄子的產季，做過一道淋上葛粉湯的茄子、黃瓜、鴨肉的燉菜，告訴我「葛粉湯的味道不能混濁。」

完美的燉菜，是即使用不同的食材也能擁有各自的風味，最後的湯汁也能將它們融爲一體。因此湯汁的味道不能厚重，也不能混濁，最後才能把所有的味道收束起來。

若是御椀，第一口的味道與最後一口的滋味就一定要不同。父親曾說，喝御椀，剛開始可能會覺得味道淡淡的，但愈喝味道就會愈醇厚，像品酒一樣。

像這樣指點出品嚐味道的關鍵，就是導師的功用。

為套餐安排高潮

○●○

導師必須具備俯瞰整套菜色的能力。

懷石料理的套餐，一開始若不從味道清淡的菜餚切入，之後的五道菜就容易引起客人的味覺疲乏。除了每一道菜都是完整的料理、都要悉心調味以外，懷石料理套餐還具有故事性，裡頭有山、有谷，整個看下來就是一篇完整的故事。

有故事便會有高潮。舉凡廚師的拿手菜、特製料理、用當季稀有食材做成的美饌、使用祖傳食譜做的佳餚，都可以當作套餐的高潮。

要在套餐裡的那一道菜、以什麼方式製造高潮，以及要展現什麼樣的高潮給客人，取決於師傅的功力與想法。爲了襯托出高潮，要如何調整前後料理的滋味，也是廚師非常重要的技藝之一。

例如「吉兆」料理的高潮，就是八寸（下酒菜）。在套餐前半段的最後，豪華的八寸登場了。它的擺盤十分立體，展現了旺盛的生命力，呈現出視覺的饗宴。想像一下，有五個人在小包廂內圍著餐桌，五名女侍者排成一列，拉開紙門，端著八寸魚貫入內。廚師在擺盤時，必須連到客人們的視線會從哪個角度看到八寸，都考量在內。

當然，裡頭還得添上季節這項要素。例如夏天就加些模仿螢火蟲的元素，或者類似神社夏月祓[14]的「茅草圈」來呈現當時的氛圍。

14 以艾草除穢的儀式，於每年六月三十日舉行。

爲什麼要大費周章地製造氣氛呢？爲什麼現在要這樣布置呢？身爲導師的父親，總會鉅細靡遺地將原因解釋給我聽。

原來，這正是日本料理的「輪廓」。因此走一趟優秀的料亭或懷石料理店，在那裡用餐，對日本文化與日本人風俗習慣的造詣便會加深。而店家也會隨著不同的月份爲料理設計主題並且呈現出來。

像這樣學習包羅萬象的知識，也是品嚐和食時的醍醐味。而這也是導師最重要的任務。

找出料理的共通語言

○●○

一如前面所述，和食啓蒙階段的人，身邊其實很難有一位適當的導師。不但沒有人能幫忙解說料理，要挑選店家或預約時，也沒人可以商量，因此難免陷入迷惘與惶恐之中。

而我會建議這些人，多多利用附廚房餐臺的日本料理餐館。其實正式來說，應該要在料亭享用眞正的懷石料理，但因爲料亭往往一位難求，所以不妨先預約家中附近的日本料理餐館，前往用餐。

等到料理端出來後，再整理自己的感想，趁機向在眼前工作的廚師發問。

例如「爲什麼這道菜要這樣做？」、「爲什麼這個季節要選擇這種烹調方式？」、「今天這道菜是想要表現什麼樣的主題？」既然是客人，就不必害怕，針對有興趣的地方問就對了。我即使到了這把年紀，也常常問廚師一些感到好奇的地方，像是「這種魚是用這個方式烹調，爲什麼換了一種魚就要換別的方式？」、「爲什麼山菜只能用這種方式煮，才會好吃？」甚至有時候我也會問一些自己已經有概念的問題。

問料理的問題並不可恥。尤其當自己有些基礎後，詢問廚師，還能讓廚師了解客人的料理知識水準，建立起共通語言。

沒有任何一個問題是無聊的。即便是「什麼是粽子？」都無所謂。親自預約有廚房餐臺的日本料理餐館，坐在位子上，一邊挑選料理，一邊享用，然後提問。這就是學習和食味覺的第一步。

引出廚師的熱情

○●○

當然，有些廚師的脾氣會比較執拗，或者不善言詞，即使是在面對客人的餐臺前工作，也不愛說話，不願回答關於料理的疑問。

這時或許一開始會覺得很尷尬，但要記住，你是客人，既然想知道答案，那就繼續努力，直到廚師願意鬆口。如果無論如何雙方就是不對盤，那就換一家店，直到遇見願意告訴你的廚師。切記，不必害怕、持續發問，因爲這是客人的權利。

像我如果遇到這樣的廚師，絕對不會怯場。別說害怕了，一但我知道對方不善言詞，反而會加強砲火，例如「這個調味料的配方是什麼啊？」、「這裡頭用來提味的東西是什麼啊？」，想到什麼就不停發問。於是，對方就會陷入至少得講些什麼的窘境，如果對方開始猶豫該不該回答，就拐個彎，再問一次「這個香味和剛才的不同耶！」對方自然會拿客人沒辦法，回答「其實這是……」。這表示他已經被逼進「雖然不想說，但是不得不說」的死胡同裡了。

說得誇張一點，這和警察盤問犯人其實很相近。將嫌疑犯（廚師）逼到退無可退後，即使對方不願意說，也會無奈地鬆口，然後露出微微一笑。能在這一瞬間窺見師傅最棒的表情，總會讓我心裡十分高興。

以前，我曾在長野縣的佐久吃過味噌燉鯉魚。那間店的味噌燉鯉魚和其他店的味道不同，讓我感到非常不可思議，只有那位廚師可以煮出那樣的滋味。鯉魚的高湯要熬到什麼程度？白味噌的御椀會在最後配飯嗎？這個白味噌是哪裡的味噌？把這兩種味噌混合在一起，就會產生這樣的辣味嗎？我愈問愈覺得神奇，於是向廚師打破沙鍋問到底。

之後我又去那家店時，廚師竟然記住了我，他說：「我今天煮了比上次更好吃的味噌鯉魚。」之後果眞燒了一手好菜給我。

如果是這樣，那就皆大歡喜了。畢竟客人的願望，不正是料亭或餐館的廚師理解客人的需求，想讓客人品嚐、爲客人做出獨特的料理、甚至讓客人由衷感到佩服嗎？而成爲這樣的客人，正是遇見美味料理的秘訣之一。

任何一位廚師，當他們發現有眼光的客人時，肯定都會展現出「讓你瞧瞧我的本事！」的氣魄來回應對方。而當廚師心想「今天那位客人會來用餐，我從備料開始就要好好加油。」做出的菜自然會好吃。家父與湯木先生之間正是這種關係的寫照。每次父親要去「吉兆」時，湯木先生總會將菜單全部重寫過，再交給在餐臺前掌廚的師傅。

即便是初學者，也可以模仿這種態度。年輕人花自己的錢到店裡用餐，認眞地反覆發問，說不定廚師還會多做一道菜當作招待呢。當廚師認爲你會是一位好客人（美食家）時，他就會牢牢記住你，端出與之前來訪時不同的菜色，邀你品嚐當季美味的食材。

以一個客人的身份被廚師記住，何其重要。而這更是和食味覺修行中關鍵的一環。這樣的客人若能不斷增加，和食的未來便指日可待。打造和食的未來，並不只是廚師的工作啊！

第四章

窺見和食精髓的刹那

堅定不移的廚師們

為什麼這個人做的料理，可以完整保留和食的核心價值，而不動搖到本質？每每到各式各樣的料亭與懷石料理店用餐，我心中總會湧現萬千思緒。品嚐料理時，最有趣的地方在於「能否捕捉到和食的輪廓（本質）」。

正如我們在第二章讀過的，日本的飲食文化是在悠久的歷史長河中，受到國外的影響而逐漸定型。時至今日，它在全球料理文化中，已經有了明確的獨立性。

首先，日本的飲食文化會配合季節挑選食材，並用盡任何可能的技術，發揮食材味道的精華。

以這種方式製成的東西並不少，例如醬油、酒、味醂、味噌等，這些都是歷經好幾百年改良的配方所釀造出來的加工食品。

這些調味料與高湯變成和食口味的基石，成就一道又一道的菜餚，並將食材的滋味引導出來。

當上述和食的特質被充分發揮在料理中，我就會像開頭所說的，湧現許許多多的思緒，並且覺得心頭很溫暖。

和食雖然存在著框架，但要如何詮釋，絕大部份的決定權還是在廚師手中，能夠隨心所欲地擴展和食的輪廓，是師傅們的功力。

承襲以上觀點，有些餐館雖然在氣氛、裝潢上非常現代，料理卻精確傳達出「和食的本質」；相反地，我也遇過不少店家，表面上看起來傳承了日本料理的文化與傳統，把料理送入口中的瞬間，卻會讓人忍不住「嗯？」地一聲蹙起眉頭。

有時在標榜懷石料理的餐館遇到這種有問題的料理，我的心情就會蒙上一層陰影。

其實不必要這些小花招，應該多做些符合和食傳統的料理。爲什麼要這麼輕易地隨波逐流，被國外餐飲界的表象與新的烹飪技術影響呢？

我時不時就有這種疑問。

現今的日本料理界，受到日新月異的外國烹飪技術極大的影響，有些廚師甚至被這波大浪吞噬了。當然，在資訊交流全球化的今日，和食廚師不可能忽視國外的料理潮流，而是必須配合客人的喜好，學習如何使用新的食材與調味料。

然而，如果因爲受到了國外的影響就忘了和食的靈魂，那就跟邯鄲學步一樣了。難道沒有方法，可以一邊汲取全球的資訊與食材，一邊穩固和食的骨幹，來獨立進化嗎？

就在我納悶之時，腦海中竟然浮現了幾名能作爲「典範」的廚師。

奇妙的是，給我這種感覺的和食師傅，全都是在現今餐飲界，被冠上「前衛」兩字的人。他們追求的雖然是和食的精神，形式卻相當「先進」。

本章我要介紹的，正是作風「前衛」但絕不動搖和食本質的廚師們。

主菜是烤沙丁魚、白飯與醃菜

○●○

從京都銀閣寺往西，走進今出川路，裡頭坐落著一間餐館——「草喰 中東」。

那是一棟小小的町家建築[15]，入口掛著一塊古老的木牌，上頭用毛筆字寫著：「以灶坑煮米，以炭火烤魚，佐山中野菜」。

店裡就像牌子上所寫的，一樓餐臺有十二個座位，中間圍繞著一個深紅色的「灶坑」（爐灶）。前方有兩個放著信樂燒陶鍋的爐子，另一頭是用餐時總會擺滿魚與蔬菜的炭火烤臺。餐臺是一塊完整的杉木而非檜木，老闆中東久雄（六十一歲）自一九九七年開店以來，便用柿澀[16]與漆料為它打磨，枯寂的茶色因此染上一層黯淡的光芒。

「我們只是趁灶坑煮飯的這段時間，端出一點不成體統的小菜罷了。」

中東先生笑著說。在京都人獨特的謙虛談吐下，隱藏著對京都大原這片土地所生產的蔬果、野草、山菜，深厚的情感。

15 日本傳統的商住混合住宅，前方是店舖，後方是住家。

16 將未成熟的柿子敲碎、榨成汁液，使其發酵，所形成的紅褐色半透明液體。

「我想讓客人在最後以白飯與烤沙丁魚串收尾，所以這中間我不會端出鯛魚或比目魚，這些比沙丁魚和白飯還高級的食物，因爲我不希望客人有種吃大魚大肉的感覺。」

一如這句話，「草喰 中東」的主旨就是「尋常但是特別」。

不同於其他竭力營造特殊氛圍的店，「草喰 中東」將「日本人常吃的白飯與烤沙丁魚串」當作最高檔的料理，並佐以用當季蔬果、野草、山菜做成的佳餚。

但它卻總在每月的一號，隔月的預約就瞬間額滿，是京都屈指可數的「一位難求餐館」。不只如此，人稱「九星名廚」的艾倫·杜卡斯（Alain Ducasse），每次前往日本也都會到此用餐，從世界各地來與中東先生會面的廚師更是絡繹不絕。

當客人坐在餐臺前，享用料理到一半左右時，廚房就會端出用小碗盛裝、排成一字形、名叫「煮花」的飯。位於餐臺中央的中東先生，會仔細觀察十二名顧客用餐的情況、神色與反應，用溫婉的京都腔，爲客人解說。

「這是『茶事』的白飯。因爲米剛煮不久，所以芯還沒熟透。所謂『茶事』，就是爲了享用這頓飯而舉辦的茶會。在這裡上這道菜，代表師傅要通知您，已經開始爲您煮飯了。」

中東先生的老家「美山莊」是一間以山蔬料理聞名的美食旅館，地點雖位於京都市，實際上卻在遙遠的京都北部深山「花脊」中。在這間立原正秋、白洲正子等文人雅士皆喜愛的知名料亭裡，中東先生跟著哥哥工作了二十七個年頭，直到兄長過世後才獨自創業，到銀閣寺附近開店。當時他的前輩告訴他：

「就算你以『吉兆』的料理爲目標，也比不過他們精緻的器皿、工具和高級的食材。所以你不可能成功。既然這樣，那不如朝『吉兆』的反方向努力。」

「吉兆」在最後才出飯，那你就先出。

於是中東先生便從這句話，以及茶事最先端上桌、剛煮好不久的米飯，構思出現在的套餐模式。回顧當年，他說道：

「在我獨立創業以前，曾經因爲東北的寒害，從泰國緊急進口白米。當時住在信樂的朋友釜屋，建議我換個煮法會更好吃，就用灶坑與茶釜（煮茶的鍋子）

煮飯請我。我吃了一口，發現『這飯實在太好吃了』。小時候用爐子和柴火燒出來的飯就是這個味道，因此我覺得非它莫屬。」

有這麼好吃的飯，餐餐吃都不會膩，再加上美味的醃菜和烤沙丁魚一切足矣。中東先生在九〇年代後期開店，當時正是日本泡沫經濟破滅、財政凋零的時候，因此形成了「大魚大肉轉往粗茶淡飯」的轉捩點。而他認為，那正是告訴顧客日本料裡文化精髓的大好時機。

當然，要煮出好吃的米飯，不只須要灶坑，還須要好喝的水。中東先生尋尋覓覓擁有清甜井水的地方，最後終於在現在的地點開了店。

一菜一酒

○●○

第一道菜，是用小香魚乾搭配玉米、味噌納豆、茄子、酸漿、藜菜（一種野生的草，據說能導引人們前往極樂淨土）等蔬菜做成的八寸，外觀雖然樸實、擺盤卻強而有力，充滿立體感。接著是用蝦米高湯熬過的黃瓜，上頭放了芝麻豆腐與小黃瓜絲，一旁擺上紫蘇花。再來是將丹波的佛掌薯[17]磨成泥，混入白味噌裡，添上甜椒與茗荷的御椀。鹽烤友釣[18]香魚，則是搭配將野生水芹磨碎、拌醋，所做成的醬汁，而不使用一般香魚料理常見的蓼醋。若客人吃完烤香魚時醬汁還有剩，中東先生就會眼明手快請客人「把醬汁喝完」，這一喝，才發現原來這醬汁的酸多麼好吃對味。

香魚上菜後，中東先生就會從餐臺底下，取出細細長長的香檳杯，招待所有客人喝香檳，請大家「配香魚一起飲用」。不只這道料理，遇到重點菜色時，中東先生也會依據菜的特色，從冰箱取出用尼加拉瓜葡萄釀成的甘甜葡萄酒，或是爽口的日本酒。

佐餐酒其實是法國料理的服務。儘管在日本料理與酒的文化中，也有用當地最優質的兩、三種酒佐餐的概念，卻不像法國料理與葡萄酒一樣，會隨著不同菜色的香氣與滋味，來更換酒（在法國，當料理與酒之間的組合妙不可言時，就稱爲「Mariage」，意爲天作之合）。

其實中東先生，還是一位在世界各地飛來飛去，尋找新潮料理的「美食探險家」。從二十一世紀初風靡餐飲界的西班牙「鬥牛犬餐廳」，到法國、義大利、

17 「仏掌薯」，為山藥的一種，其形狀為圓形。

18 一種利用香魚的地域性來垂釣的方法。

北歐、美國（紐約），即使在最忙碌的時候，他也會強迫自己訂定三到四天的日程，將熱門餐廳去過一輪。當然，在日本國內，他也吃遍了全國各地的美食。而他去的地方，比起日本料理餐館，反倒是法國料理店與義大利料理店比較多。儘管他說：「我本身不太會喝酒」，但他卻能挑選出適合每一道菜的佳釀，這不僅僅是他探險的成果，更是他靈活思維下的結晶。

我告訴他，把料理和酒搭在一起，眞是個天才的主意。而他只是害羞地告訴我：「讓你見笑了，其實是被西餐牽著鼻子走。」

如此柔軟的身段，正是中東先生的迷人之處。

接著他說：「料理一定會產生雜味，只有日本的高湯和韓國的豆芽菜湯，可以盡量做到順口且味道乾淨。因此我想，如果可以用酒精把菜餚的雜味帶走就好了，當鮮味一下子竄過鼻腔，料理就會好吃三倍。」

爲此品嚐酒精，正是中東先生的「待客之道」。

與蔬菜對話

「草喰 中東」另一個最大的特色就是蔬菜。每一道料理中的蔬菜皆美味無比，展現出當季特有的口感、色澤與滋味。

其中一道菜，是法式香魚凍佐義大利小番茄。

中東先生說：「當時義大利小番茄在市面上還很罕見，一位住在大原的奶奶突然對我說：『我種了小番茄，要不要用用看？』我因而把小番茄買回家了。但我的餐館又不做義大利料理，正愁該怎麼辦時，我眺望著菜田，腦中靈光一閃：『和昆布一起煮，做成和食如何？』現在有些黑輪店會加番茄一起燉，但我想，用義大利小番茄來熬高湯，我的餐館應該是第一家。」

一如這段話，中東先生的菜幾乎都是大原的農民栽種的，他每天早上都會開著大紅色的車子前往大原，到田裡與農民聊天，然後披荊斬棘地上山，摘取野草和山菜。他說道：「開店時，農民曾對我說：『你們廚師來田裡是爲了用便宜的價格買菜，但我們種菜的人可不同。我們是爲了耕田，蔬菜則是老天爺因爲我們把田照顧好所賞賜的禮物。你們只想把剛收成的好東西挑走，這在我這兒可行不通，既然要買我的菜，不管是長歪的還是壞掉的，統統給我帶走。要怎麼用，是你們廚師該煩惱的。』所以我每天早上都會到大原，按照農民喊的價格，請他們把蔬菜分給我。有時間的話，我還會主動說：『讓我來幫忙除草』，然後清理雜草。跟農民買菜一定要建立這種信賴關係。後來只要開大紅色的車子過去，他們就會知道：『今天又要來買菜啦！』這對我而言，已經是再自然不過的事情了。」

中東先生年輕時到過法國，當時他從飛機的窗戶往下眺望，心想：「這樣一片紅色土壤恐怕種不出美味的蔬菜。」事實上，走進法國的農田，會發現雖然葡萄與無花果結實纍纍、滋味濃郁，卻幾乎沒有像日本一樣香甜的白蘿蔔或牛蒡，而且菠菜的葉子也很粗糙，當然這些全都是因爲土地礦物質含量多所造成的。由於這些特徵，外國的蔬菜才會用奶油、高湯、鮮奶油來調味，好發揮蔬菜的滋味。

相對的，日本的蔬菜水分含量多且柔軟，生吃就很美味，不太須要多餘的調味料，而且種類豐富，每個季節都有盛產的特色蔬菜。以前曾經在「草喰 中東」嚐過蔬菜料理的艾倫・杜卡斯，就曾拜託中東先生隔天帶他一起去大原，從田裡直接將蔬菜拔起來，連著土當場大口大口地咀嚼，聽說他當時非常高興呢。

中東先生表示：「日本的蔬菜非常纖細，所以一定要走進田裡傾聽蔬菜的聲音，才能找出好吃的方法，而且光烹調方式就有好幾種。」

接著又說：「壽喜燒是肉類料理嗎？明明吃的是昂貴得不得了的肉，卻加砂糖和醬油一起煮，還沾蛋來吃，這樣眞的能嚐到肉的滋味嗎？其實壽喜燒的蔬菜是肉類的三到四倍，是貨眞價實的蔬菜料理。如果不是和蔬菜一起生活的日本人，恐怕根本想不出這種料理。」

聽他一席話，我也忍不住點頭贊同：「原來如此。」

從日本到西洋、從西洋到日本

○●○

義大利小番茄旁擺著法式香魚凍。這道菜是將魚肉磨碎，只加入鹽，蒸好後凝結而成的，而且由來也很有意思。

「有次我去大阪某間法國料理店用餐時，發現湯上浮著一塊香魚凍。我嚐了一口，說：『唉呀，這是香魚丸嘛！』主廚便告訴我：『其實這道菜，是參考以前我在美山莊嚐過的香魚料理做成的。』於是我說：『那這次換我了。』就把那道菜拿來參考了。」他說著，愉快地笑了。那間法國料理店，將香魚凍烤得酥酥脆脆的，在「草喰 中東」則是直接切成四方形。

從和食到西餐，再從西餐到和食。透過香魚這種象徵日本飲食文化的食材，異國文化間產生了技術交流。第三章我介紹的法國料理店年輕廚師的香魚料理也是如此，隨著廚師手藝的提昇，「技術與食材的異國文化交流」逐漸興盛，這是多麼美好的一件事。

與此同時，堅持和食的精神，並發揮創意與技術，將義大利小番茄加進昆布高湯裡熬煮，把西洋食材融入和食的範疇裡。

這就是中東先生的眞本領了。

驕傲但謙虛地活下去

○●○

這套精采的料理一共十三道，最後的「主菜」，是用灶坑煮的飯、烤沙丁魚串，以及三種醃菜。

一開始，中東先生會添一碗亮晶晶的白飯。他將新潟產的稻穀「全年以真空袋保存」，每天只取須要的量出來碾米，所以煮好的飯飄著一股熱呼呼的新米香氣。

到了第二碗，裝的是鍋巴飯。

品嚐那脆脆的口感與獨特的焦香味後，中東先生會指著沙丁魚串，說：「日本航空，烤沙丁魚串航班，飛往巴黎。」這是一句玩笑話，意指鍋巴「啪哩啪哩」的口感，加上盛裝烤沙丁魚串的盤子是鮮豔的天空藍，所以把烤沙丁魚串比擬成了飛機。

當餐臺前的客人們忍俊不住，中東先生就會端出第三碗飯。這是一碗茶泡飯，飯量並不多，裡頭淋了高湯。不論肚子吃得有多撐，最後配著高湯把飯扒入口中，仍舊讓人感到無比滿足。這就是生在這個國家的喜悅，稱之為吃和食的醍醐味之一也不為過。

「這道菜是紐約中央公園從葉縫間篩下的陽光。」

我感到身心無比的飽足，竟忘了問他這句話的「典故」。在中山先生這位知名導師的陪伴下，我享用了一頓樸實卻強大、令人驚豔無比的美饌。

這些菜色一點也不豪華，遠遠談不上奢侈，整體卻散發著一股「人情味」。最後我問他，為什麼要選擇這種形式的料理，中東先生對我說：

「哥哥過世後，我把『美山莊』交給外甥掌廚，好一陣子窩在庭院裡除草，有天，我聽到客人們從座位上傳來的聲音：『這香魚好好吃啊』、『這蔬菜好甜啊，眞好吃。』以前我一直待在廚房，從來沒有聽過客人心聲，結果一聽客人說：『景色眞美，心情眞好』，眼淚竟然奪眶而出、停不下來。那時，我腦海中浮現了哥哥過世前的遺言：『你要驕傲但謙虛地活下去。』直到那時候，我才懂這句話的意思。『謙虛地活下去』是指持續學習，並且像野草一樣謙卑、知足。所以當我在這裡開店後，不只漂亮的蔬菜，所有的蔬菜都能做成料理。例如務農的阿姨們告訴我，這個季節雖然不產葉菜，卻有地瓜葉。於是我把地瓜葉拿來氽湯，味道很溫和，眞的很好吃。原來以前的人就是這樣吃的，我也因此受益良多。」

「草喰 中東」還有一項優點，那就是對和食初學者而言，價位比較親切（雖然預約非常困難）。午餐是五千日圓，晚餐是一萬日圓起，分成三種階段的套餐，預約從前一個月一日的上午八點開始。我認爲是最適合「每月奢侈一次（自我投資）」的餐廳了。

選擇完全會員制

○●○

永遠向大自然虛心討教。

與異國文化積極交流，讓和食技術進步。

在這兩點上，還有一位與中東先生極爲相似的廚師。當然，兩人的思維模式與風格截然不同，料理的呈現方法也都是各自原創，但他們的氣質與向世界看齊的態度，卻非常相近。

這個人，是石田廣義先生（七十一歲），他在銀座開了一家叫做「壬生」的懷石料理店。從第一章開始我便屢次提及、甚至擄獲大衛・布雷先生的心的「和食店」，其實就是這家「壬生」。

前面我已經寫過了，夏天前往時，店家會讓螢火蟲在餐館內飛舞，供客人欣賞。隨節氣端出適當的料理並且營造氣氛，不但是懷石料理的王道，也是廚師實力的展現。

就這層意義上而言，「壬生」可以說是一家極爲正統的懷石料理店。

然而這家店，卻有一個全球罕見的特色。

那就是「完全會員制」。它不像俱樂部或酒吧那種常見的「會員制」一樣，只要跟會員一起，不論多少訪客都能入內。在這間只容得下兩張桌子、一共八人的小小店面裡，包含老闆在內，只有三名廚師，外場也只有老闆娘與另一名女性負責招待，所以即使是會員，也不能帶超過一位訪客過去，而且訪客本身是不能預約的。營業時間是每月一日至二十日的平日，中午兩輪，晚餐一輪　所以一天最多只有二十四名客人可以享用此處的餐點。如果沒有管道，就連如何成爲會員也無從得知，因此坐在這裡的客人，就某種意義上而言，算是「被挑選過的客人」。

「這個作法，跟我們以前學料理的尼姑庵相同。施主先預約，再由尼姑針對施主一人做法事。我們只是想把同樣的作法帶到餐館裡罷了。」老闆娘說道。

會員約四百五十名，幾乎都是老會員。每年十一月底，老闆娘會親自聯絡會員，分配隔年一整年的訂位。也就是說，在這時候就已經客滿了。

西班牙「鬥牛犬餐廳」的主廚，費蘭・阿德里亞第一次來到這間店時，曾經感嘆：「這制度太棒了」。

每天面對熟悉的嘉賓，精挑細選當季的食材，毫不浪費地做成料理，供客人享用。那些料理，就像過去布雷先生所說的「從泥土中孕育而出的菜」。老闆使用的雖然是和食的技術，端出的卻是教科書上完全沒有記載的獨創料理。

蠶豆街

○●○

前面我已經介紹了一小部份，接著我將繼續說明。今年七月我前往「壬生」時，老闆娘交給我一份「菜單」，上頭有著老闆鮮明的墨跡，寫著「蠶豆街」。

穿著和服的老闆娘，坐在餐桌角落，為我一一解說每一道菜。

「所謂蠶豆街，是指從五月分到夏天，自千葉開始，一路延伸至仙台、秋年、青森、北海道的一條象徵性街道。在以前，如果不按照這個順序北上，就吃不到當季最美味的蠶豆。」

這間店由老闆娘負責當導師。從每一樣食材的產地、由來、季節到烹調方式，都會一一向客人說明。

像是一開始最先端出的「開胃菜」——小芋頭糯米飯，就融合了季節的色彩。

「這道糯米飯是連生的小芋頭一起下鍋煮成，下面鋪上橡樹的葉子，顏色深與顏色淺的葉子重疊，代表『陰與陽』，營造出祭神儀式的氛圍。」

接著的「御椀」，配料是蠶豆冬瓜。高湯是用北海道羅臼的昆布與鮪魚乾熬煮而成的。柴魚的高湯滋味清爽、色澤通透，較爲女性化，鮪魚乾的高湯味道活潑、濃郁，比較男性化，因此店家在這個季節選用鮪魚乾，再搭配能爲身體降溫的冬瓜當作食材。

「請仔細看這個御椀的蓋子。上頭寫著『七遊』，對吧？它的意思是古時候到了這個季節，人們就會在七夕的夜晚玩七種遊戲。其中有個遊戲是捉蜘蛛讓它爬行。」老闆娘說道。

這代表這個御椀只在七夕的季節使用，其實每月更換御椀與器皿是非常麻煩的。即便只有一個器皿，爲了研究和食正確的精神與做法，仍須要龐大的投資與大型的收納庫。

「前菜」的材料有「赤魚鯛、萊氏擬烏賊、生鮑魚片、小黃瓜與蠶豆」。老闆娘端出盛滿冰水的大盆子，水上飄著一個盤子，裡頭裝了上述的生魚片與蔬菜，隨後她將它們全部倒入水裡。

把手指浸入水裡，一股冰涼氣息立刻竄入體內，吃了小黃瓜，身體的燥熱又降得更多了。

房間的空調已經關掉了，夏天微熱的風從窗戶灌入室內，但由於食材的療效與氣氛的營造，使顧客的心境變得很涼爽。而這正是與自然融為一體的料理。

接著的「烤物」著實令人嚇了好一大跳。

偌大的盤子裡，擺著一個形狀像煙火彈且烏漆抹黑的球。

「這是賀茂茄子最美味的烤法，把炭化的皮剝掉，裡頭的肉被烤得軟綿綿的。這是今天剛送來的，可以不沾任何東西直接吃，但到了明天就要加上田樂味噌。賀茂茄子就是那麼細膩的食物。」

這道茄子保留了長長的蒂，如果少了蒂頭，就無法烤得那麼均勻。但要連同蒂頭一起送過來，是不符合一般作業的，所以必須額外增加運費。

為了貫徹自己的理念，在許多意想不到的地方都得增加花費。

「強餚」（燉菜）則是蕪菜。類似西餐湯盤的器皿中盛了高湯，上面放了約莫三、四公分長的大根蕁菜。蕁菜是用檸檬酸煮的，而不是用醋，裡頭加了小田原的梅乾，與少許的花蜜一起熬。

「這些蕁菜是從東北深山的湖裡採收的。採蕁菜的人必須潛入湖裡，一根一根地拔起來，運送的人走山路也很辛苦，所以要進這樣的食材，須要很多錢。」

正如老闆娘所說，這間店爲了取得當季最美味的食材，可說是不遺餘力。例如秋天要買松茸，老闆就針對丹波生產松茸的山，以一整個山爲單位，將松茸全數買斷。當然，每年的行情都不一樣，松茸的收成狀況也不同，但他仍堅持每年全數買下，所以想必也做好了三不五時賠錢的覺悟。

順帶一提，在這間店，用餐的費用必須裝入老闆娘給會員的信封袋裡。袋子上寫著「月俸袋」，簡直就像學和食的私塾一樣。

「炸物」則是鱧魚和南瓜天婦羅。乍看之下這道菜沒有什麼特色，但細節卻與衆不同。老闆娘說道：「鱧魚一般來說是夏天的魚，這個時節的鱧魚喝了梅雨的水，嚐起來特別肥美。七夕南瓜則是用清爽的高湯熬過。師傅在上面撒了一層薄薄的麵粉，然後將蔬菜和魚用不同的鍋子油炸。」

接著到了最後的甜點。老闆娘端出的是丹波蜜白豆加上刨冰，上頭淋了濃稠的抹茶，這是冷與熱的交融，也是和食料理中不曾有的作法。

爲我解說這道料理的，是結束了廚房工作，來到客桌前的老闆。

「日本並沒有把冷熱食混在一起的概念。之所以有這道甜點，是因爲我見到了『鬥牛犬餐廳』的費蘭主廚，他用這種烹調法做了料理請我品嚐，我一吃驚爲天人，原來還有這種作法！於是我得到靈感，做了這道甜點。」

當然，白豆與抹茶都是和食的材料，但老闆向西餐學習了「冷與熱」的融合，讓和食的滋味更上一層樓。

這樣的態度與靈活的思維，與中東先生十分相近。老闆正是期望藉由與異國文化交流技術和食材，讓日本料理文化進步的其中一人。

自信與進步

老闆與老闆娘，每年十二月都會前往紐約，他們並沒有什麼特別的目的，只是會到當地和最棒的廚師見面，品嚐對方的料理來「自我激勵」。選擇全球大都會紐約，原因是「巴黎雖然時髦，卻很固執。紐約這座城鎮則是匯集了每個季節世界第一的東西」。

反過來，也有許多從世界各國前來接觸日本的人。不只先前提到的費蘭先生與布雷先生，全球各地的廚師皆紛紛到此拜訪。除了廚師，老闆也與各式各樣的人接觸，例如教宗就曾經邀請老闆到梵蒂岡，於宮殿內握手；義大利男高音歌手安德烈・波伽利（Andrea Bocelli）則曾經來店裡用餐，因爲感動而高歌一曲《大地之母》。與異國文化頻繁交流的老闆這麼說道：

「日本料理的成績，光擺著是不會進步的。在日本餐飲界，不但師傅與弟子的關係僵化，業界也瀰漫著一股沒有一連三代就非正統的風氣。因此我想從世界接受各式各樣的刺激使之提昇。我不會超出和食的框架，但我會努力將它往外擴展。我的腦中已經有好多的想法正在進行。」

日本自古以來，就有「集四方珍饈，方成美饌」的說法，老闆的料理雖然忠實呈現了這句話的精神，但他有時仍會使用西餐的烹調技法。他一面守護著和食的靈魂，直呼「不能過份仰賴食材」、「一定要讓客人知道自己吃的是和食」，一面又向「冷與熱的融合」致敬，偶爾「大膽一下」。

他總是時時留意外國文化的風氣，然後迎風而立，汲取大量的知識，將它融入和食的範疇裡。「壬生」的料理就是在這反覆激盪下誕生的，就某種意義上而言，可說是充滿特色的日本料理。

「料理技術是無窮無盡的，因此美味不該被設限。再來就是怎麼實踐而已。」

如此自信，相信和食的未來指日可待。

年輕糕點師傅的轉變

○●○

本章的最後，我想談一下有爲的年輕人。

「爲什麼我到現在才對和食產生興趣呢？日本就有這麼棒的技術不是嗎？我必須儘快回國。」

二〇一〇年某天，一位女性，在巴黎艾菲爾鐵塔附近的「日本文化館」的某間房裡，這麼自言自語。

她是藤田怜美小姐，當時二十七歲，來巴黎已經第五年了，是米其林二星餐廳的甜點主廚。

藤田小姐「一心一意只想學習甜點」，因此前往法國鑽研技術。她從高中開始在家鄉秋田的甜點店打工，之後到大阪就讀辻製菓專門學校，畢業後至法國里昂的辻調集團法國分校研讀一年。接著進入東京的法國料理餐廳，因渴望到法國學習更多的技術，於二〇〇五年再度前往法國。一開始她住在巴斯克，於麵包店、巧克力專賣店、甜點店當學徒，最後終於在法國當上「主廚」。這名年輕人熱心向學，連「接下來我想去西班牙學甜點，已經準備好履歷」都計畫好了。

然而就在這一天，她心中的烈火，從「洋」轉成了「和」。

當時日本文化館正在舉行以法國人爲取向的和菓子講座。藤田小姐原本只是順道來這裡與朋友會面，但就在她不經意瞥了某個房間一眼，看見一名師傅展現的技藝後，她的腳就像生了根，久久無法離去。

眼前上演的，是把和菓子麵團雕成菊花的技術——在豆沙餡上包一層和菓子麵團，用刮刀切出花的形狀。如今回想起來，和菓子世界不正擁有彌足珍貴的技巧嗎？這件事情讓當時的藤田小姐感到非常訝異。

原本平凡無奇的和菓子麵團，一經師傅的巧手，不一會兒就變成了季節花卉。仔細一瞧，花瓣有兩層，與平安時代宮中的規矩一模一樣，上頭添了一團像棉絮一樣的白色和菓子。

藤田小姐驚訝的不只是師傅精湛的手藝，對於「平安時代的規矩」、和菓子命名的歷史與由來，也重重地吃了一驚。回頭看看自己的工作，竟然只是把水果鋪進蛋糕，做成點心。

「回日本吧，無論如何，我一定要學這項技術。」

藤田小姐坦然面對了這突如其來的念頭，取消了去西班牙的行程，向餐廳老闆請辭，同時寫好了新的履歷，準備回國。這時，與她在同一間餐廳工作的日本前輩告訴她：「我有個朋友嫁進了京都的和菓子老店，我幫妳介紹吧！」

這眞是一場及時雨。於是藤田小姐將履歷寄往京都，坐上了回國的班機。這距離她在日本文化館撞見講座，僅僅一個月。

傷痕累累的手展現出的「決心」

○●○

收到她履歷的人，是在京都擁有二百一十年歷史的和菓子老店「亀屋良長」的董事長——吉村良和先生（當時三十六歲，即將成為第八任當家）。他對於這封來自巴黎的履歷感到十分訝異，但更令他吃驚的是面試。

「這麼年輕的女孩子，手卻那麼粗糙，而且滿是燙傷的痕跡。這雙手道盡了她堅忍不拔的毅力。」

吉村先生光是看見她的手，就知道她下了多大的「決心」，讓同爲廚師的他心有戚戚焉。那是超越「洋」與「和」的共通精神。更進一步問，原來她已經將行李從秋田的老家寄來京都了。

這代表她無論如何，都要在和菓子的發源地京都工作、學習，吉村先生相當欣賞她這點。

「選這個女孩絕對不會錯。」

於是藤田小姐如願踏入了和菓子的世界。她本人的幹勁、毅力、行動力固然令人佩服，願意接納她的吉村先生擁有那靈活思維與現代廚師的氣質，也同樣令人肅然起敬。過不多久，兩人的相遇，激盪出了新的奇蹟。

創立新品牌

「這個點心的創意非常有趣。但用『亀屋良長』的包裝紙包裝，客人可能會覺得怪怪的，不如改成新品牌自由發揮如何？」

一位素來幫亀屋良長設計包裝紙的設計師，說了一句非常關鍵的話。

那時呈現在他面前的，是藤田小姐做的棉花糖（之後命名為「cube巧克力小麻糬」）。

「我在裡頭加了蛋白霜，把麻糬的口感做得像棉花糖一樣鬆鬆軟軟的，然後裹上白巧克力與覆盆子巧克力，撒上冰餅[19]。」這種柔軟的口感，在和菓子中前所未見，令人十分驚豔。

「這是怎麼做的？」

吉村先生問道，藤田小姐回答：「這是我自己想出來的食譜。」

明明回國只過了四個月，她卻已經完全熟悉了和菓子的廚房，熟練地使用日

19　把麻糬泡水後冷凍、風乾而成的點心，可長年保存。

式的道具，並且做出了新風味。藤田小姐高超的手藝，令人驚嘆。

更厲害的是，聽了設計師對這道甜點讚不絕口的評價，吉村先生竟然立刻決定：「好，那就創個藤田品牌吧！」不一會兒，由藤田小姐親手寫下的標語「Satomi Fujida by KAMEYA YOSHINAGA」（藤田怜美・亀屋良長）便完成了。在幾百年的和菓子歷史中，可曾過有師傅的名字直接被當作品牌名稱？有些學徒出師之後會以自己的姓名開店，但藤田小姐可是剛來四個月的新人。

而吉村先生本人，對於這件事情絲毫不感到不妥。他說道：

「我的確是因為她做的甜點夠好吃，才創立這個品牌，然而，我自己對於現在的和菓子也抱持著疑惑。回顧歷史，和菓子其實是由中國與西洋的甜點改良而來，技術也是從外國學來的。可是為什麼，現在的和菓子卻變得這麼制式化？我認為應該以更柔軟的姿態，來學習國外的技術，結果她剛好出現了。因此我並不覺得意外。」

的確，和菓子的歷史正如第二章所說，是中國與西方傳來的技術之累積。十六世紀地理大發現時，葡萄牙人帶來了蜂蜜蛋糕與金平糖，而過去來自中國的影響更是無遠弗屆，然而曾幾何時，金平糖有了漢字，成了和菓子的一種。明治時期以後，和菓子與西洋甜點的分界變得愈來愈模糊，由於實在難以區別，人們便賦予了新的定義——「江戶時代開始吃的叫和菓子」、「明治時期以後吃的叫西點」。或許，在和食的世界裡，異國文化要素最鮮明的，正是和菓子。

「在我們公司保存明治時代的『配方書』上，有許多蛋糕的食譜，以及不同種類的餅乾（像是cookie、biscuit）與蛋白霜的作法。我的歷代曾祖父，過去做的就是這樣的甜點。家裡還保留了祖母嫁進來時畫的蛋糕圖。當時的和菓子店，有空時也是會烤蛋糕的。」

換言之，和菓子的世界其實是多元融合的。是日本的和菓子師傅以外國技術為榜樣，才逐漸確立了「和」的技術與口味。

追求讓人們接受的口味

○●○

那麼藤田小姐自己又是怎麼看待這件事呢？在她心目中，存在著「和」與「洋」的分界嗎？

「我心中並沒有所謂和與洋的分界。我認爲兩邊都很棒，只要能讓年輕人和外國人覺得好吃就可以了。」

她露出爽朗的笑容，坦蕩蕩地說了這麼一句話。

自她進入公司以來，至今已迎向第四個年頭，在她的笑容底下，創作出了十種以上如寶石般璀璨的作品（以下的說明引用自該公司的官方網站）。

「marron」／「以國產栗子加上鮮奶油與蘭姆酒製成，適合大人的成熟風味。」

「餡之匣」／「原味：以口感溼潤綿密、混入白豆沙餡的特製海綿蛋糕，將

黃豆粉甘納許。

奶油乳酪餡包夾起來。」另一個口味則是蛋糕中加了白豆沙與黃豆粉，中間挾著

「honohono」／「在桃山麵團[20]中拌入奶油乳酪，混合均勻後……，把加了奶油乳酪與檸檬的白豆沙餡，用白豆沙餡、奶油乳酪、帕馬森做成的麵皮包起來。」一口咬下這道烤甜點，檸檬乳酪香濃的滋味立刻化入口中。

「餡蜜・蜜豆」／「能同時吃到日本夏天的甜點——餡蜜[21]與蜜豆[22]……。餡蜜（黑糖蜜、宇治抹茶口味）：以大納言紅豆及牛奶慕思製成。蜜豆（顏色透明者）：以求肥[23]、加了香草籽的柑橘果凍製成，果凍中加了紅豌豆。」

將和菓子的主要材料豆沙餡融入海綿蛋糕中、把餡蜜與蜜豆切成一口大小，這些創意再再顯現了來自「異國文化」的觀點。使用蘭姆酒與乳酪，也是「西洋」的技術。

我試吃後，對這一道道甜點感到無比的新奇與驚豔——不論是柔軟的口感、在口中融化的乳酪與奶油的濃郁滋味、還是偶爾出現的苦味與酒味，這些都與吃和菓子時嚐到的麵皮口感，以及和菓子的內餡截然不同。

20 和菓子代表性的材料，以白豆沙餡、蛋黃等材料製作而成。

21 以洋菜凍、紅豆餡、水果做成的日式甜點，上頭淋有白糖蜜或黑糖蜜。

22 以洋菜凍、小湯圓、水果做成的日式甜點，上頭淋有黑糖蜜。

23 和菓子的材料，一種軟而薄的麻糬。

在序章我曾提過，豆沙餡是西方人無法接受的食材之一，在他們的飲食文化中，豆子從不是甜的。

但若是藤田小姐創作的甜點，我相信外國人一定都能接受。在巴黎五年的經驗，一定讓她掌握了外國人「接受的口味」與「抗拒的口味」之間的界限。關於這點，藤田小姐說道：

「還在巴黎的時候，我曾經用蜜紅豆做甜點給客人，但對方並不接受。我一共上了兩桌，兩桌的客人一口都不願意動，最後只能撤掉，所以我想西方人恐怕不能接受蜜紅豆。東南亞的客人就比較願意嘗試。」

當時她雖然還沒有要轉成「和菓子師傅」的念頭，但身爲日本人，卻也嘗試過使用紅豆。這些經歷帶來的對外國文化口味的體會，就這樣在藤田的品牌中活了過來。

從她手中誕生的「和菓子」，或許有一天將會席捲全世界——她無與倫比的才華，讓我有這種振奮的預感。

深奧的色彩學

○●○

如今藤田小姐在店前會湧出井水的「亀屋良長」工房內工作，一面製作傳統和菓子，一面天天構思新的美味甜點。和菓子與西點，雖然在技術上有許多共通之處，但也有南轅北轍的地方，例如和菓子師傅習慣憑感覺來調整火侯。而其中差異最大的就是「色彩學」。

「在巴黎，只要用水果點綴色彩就可以了。但在京都，卻得做出雍容華貴的優雅色澤，如果顏色錯了，就會變成不同的點心。日式色彩學眞的很深奧。」

茶室的和菓子會因爲燈光而呈現出不同的印象。在人們仰賴自然光的時代，和菓子的顏色是很鮮豔的，但到了使用電燈泡與日光燈的現代，人們就便得比較喜歡淡雅的色彩。將這些顏色好好展現出來，也是師傅的技術。

「最近我開始學茶道了。雖然我還不太會自己穿和服，但我還是努力找老師上課，畢竟茶的世界實在太奧妙了。老師曾對我說：『不如用你做的和菓子來配茶吧』，但我覺得我功力還不到，就婉拒了。再過一段時間，至少在我能做出適合茶室氛圍的甜點之前，我想盡力先學好茶道。」

這一位透過外國文化而與「和」相遇，發覺世界之大的廚師。她雖然還年輕，但我相信她一定能看見眼前那片更廣大的森林。

而當她穿越森林，眼前會有什麼樣的風景呢？

屆時她踏出的，將是把全球食材、技術融會貫通，拓寬和食世界邊陲的腳步。

十年後、二十年後，她製作的甜點，在國內以及世界各地，將會獲得什麼樣的評價？

我對和食的世界，又多了一項期待。

第五章

在紐約推出道地的懷石料理

最差的治安與最棒的店

國外的環境眞的可以接受和食（像懷石料理一樣的高級料理）嗎？

要在其他國家生存，和食到底該變化到什麼程度？

在本章，我想就我與團隊在紐約進行的一個計畫，來探討這個問題。

在構思這個主題時，我想起了一件令我難忘的事件。那是發生在日本泡沫經濟化，登上世界經濟高峰的一九八〇年代後半。從蘇格蘭公學畢業的我，前往紐約的長島大學攻讀美術史，接著又回到蘇格蘭展開研究生活，出社會後，於紐約證券界工作。

當時，有一間我常和朋友去光顧的法國料理店。在那間餐廳出現之前，紐約餐飲界是與國外進步的料理脫節的，它的中心始終是古典料理，很難讓人聯想到是最新文化與流行的基地。

但就在一九八七年，當時仍然倉庫林立的翠貝卡，出現了我所說的法國料理店。它的法國料理水準遠遠凌駕於紐約的餐廳，就連美食家都對他們的餐點讚不絕口。

然而，要品嚐他們的料理，就某種意義上可說是賭上了性命。

「這裡太危險了，我們還是趕快搭計程車吧！」

每每用完餐，我總會推著朋友的背，飛奔進停靠在入口處的計程車。入夜後在這間餐廳的附近走動，總覺得隨時會有人從暗處衝出來，甚至暗中狙擊我們。「布雷」就像這樣，突然誕生在當時危險的街區一角。

身兼老闆與主廚的大衛・布雷先生，當時年過三十五歲。就像我前面提到的，他曾經前往新料理全盛時期的法國，在好幾位法國餐飲界權威主廚底下當學徒，時機成熟後，便在紐約開店。他並不是紐約人，祖母是法國人，他在祖父母於康乃狄克州擁有的農場度過了年少時光，在充滿豐饒食物的環境下成長。

初次拜訪這間餐廳時，最令我訝異的，是那美味絕倫的小菜，以及無比講究的醬汁。過去在紐約的法國料理，都是用大鍋子一次煮好大量的醬汁，然後淋在同樣一開始就先烹調好的食材上，但他的料理卻是「à la minute」（現場烹調）。等客人點菜後，才從頭開始做，並且替每人調製客製的醬汁（例如喝酒的客人，醬汁的味道會濃一點，或調味與上次來訪時不同），來引導出食物極限的美味。

自從這家餐廳開幕後，紐約的餐飲風氣就變了。那些死守古典形式的法國料理，瞬間被這波潮流給吞噬。這意味著「布雷」的出現，開啓了一個新的時代，而他們店裡用餐結束後，幫客人準備布里歐修麵包當作伴手禮的服務也大受歡迎，布雷先生沒過多久，就成了紐約餐飲界的新寵兒。

擁有如此堅強實力的主廚，爲什麼要把他的第一間店，開在這麼危險、人煙稀少的邊陲地帶呢？原因很簡單，因爲租金比在城裡開店便宜，這樣就能把錢花在材料費上——如此作風，果眞不辱他料理奇才之名。

當然，那時的我還只是一介上班族，與主廚布雷素不相識，也從沒在店裡打過招呼。能像之後與他並肩作戰，更是想都沒想過。

但就在那天之後，過了十年，我竟偶然得到了與布雷先生密切對談的機會。

在家庭派對上偶遇

○●○

我於一九九一年二十七歲時回國，為繼承父親的衣缽、成為辻調理師專門學校的校長，展開了學徒生涯。兩年後，父親猝逝，我繼任為校長。在我成為校長前，身體仍然健朗的父親，曾經開過好幾次家庭派對。

這個家庭派對，在我旅居紐約時十分照顧我的恩師——投資信託公司的董事長，位於新罕布夏州南安普敦的別墅舉行，主題是「美食週」，一連舉辦一星期。為了報答老師提拔我的恩惠，父親帶了好幾名學校的技術教職人員（廚師）拜訪紐約，以董事長的別墅為舞臺，每天端出不同的日本料理、法國料理、義大利料理、中國料理。父親過世後，我也保留這項活動，持續舉辦了三、四年。

在派對上，董事長夫婦邀請了許多嘉賓，有知名演員、運動選手、商務人士、餐飲業者等等。

裡頭也包含了當時聲勢如日中天的布雷先生，以及名聞遐邇的甜點師傅比爾·約瑟夫（他現在於白宮擔任歐巴馬總統的專屬甜點師）。

在那裡，我首次與布雷先生交談，但當時的對話僅只於「我去過好幾次你開的店。」之後過了幾年，我又一次於紐約遇見他，當時是在火紅的法國料理餐廳「Daniel」，我與和董事長同行的布雷先生同席，這次我們的談話變得比上次更熱絡了。

在那次餐聚後過了一、兩年，我接到了一通電話，使我與他之間的關係密切發展。

「我因為工作之後要去日本，可以去你的學校上日本料理與中國料理的私人課程嗎？」

當時布雷先生的請託其實有點強人所難。一般情況下，學校接獲突如其來的私人授課需求都會婉拒，不會接受一對一教學。但他畢竟是紐約當紅、忙得不可開交的大主廚，同時也是多方照顧我的董事長引介的貴賓，所以我只能點頭答應，告訴他：「沒問題。」

約一星期後，布雷先生就來到大阪，在本校日本料理教授杉浦孝王與中國料理教授吉岡勝美為期三天的指導下，於辻調理技術研究所的實習研究室展開研習。

我與布雷先生的距離，以當時爲分水嶺一下子拉近許多。我們開始平等地對談，不再是知名餐廳的主廚及他的顧客。

「我想開和食餐館」

○●○

這樣的關係持續到二〇〇二年初，布雷先生突然悄聲告訴我：「我想在紐約開和食（日本料理）店。」

我一聽，嚇了一跳。我知道他對和食有興趣，但沒有想到他竟然想開餐廳。究竟他對和食了解到什麼程度？

對於美國人的口味，以及飲食嗜好，我心中是很清楚的。由於壽司、拉麵這類專門料理已經在紐約有很受歡迎的店了，因此他想開的是融合日本料理與西餐的多元化和食餐館。大衛．布雷將之解釋爲懷石料理店。

我一面反芻自十幾歲開始耳濡目染、那糟糕的「外國和食體驗」，一邊問他：「布雷先生，您實際品嚐過多少日本料理？」

令我訝異的是，布雷先生竟然面不改色地告訴我：「其實我吃的不多。」

「那您是受到和食哪方面的影響，才想開餐廳？」

我一連猛攻，而他只是悠悠地回答：「這個嘛，我只是想挑戰看看和食。」

這樣不行！

我的腦海中，浮現了過去數也數不清，原本以懷石料理為志，最後卻落寞倒閉的紐約和食餐館。

我不能讓布雷先生重蹈他人覆轍。

不知為何，我心中湧現一股莫名的責任感，情不自禁地開口：「那我先帶你去日本的懷石料理店用餐吧！」

於是我先正式聘請他為學校的特別課程講師，在他於大阪停留的期間，每晚帶他到大阪與京都的懷石料理店用餐。

想讓他知道日本料理的奧妙，讓他趁早打消這個念頭。

原本我是這麼打算的。

順帶一提，布雷先生是在九一一恐怖攻擊事件的隔年，也就是二〇〇五年的五月來到日本。在這起悲劇發生後，布雷先生歇業了一個月，爲救災人員供應總計一百萬份的伙食。店裡的廚房二十四小時、連續四周不間斷地開火，我對於布雷先生慈悲的善舉，既驚訝又敬佩。而實際帶著來日本的布雷先生至店裡用餐時，他又在不同方面讓我吃了一驚。

我從來沒有見過對和食嗅覺如此敏銳的人，一位如此優秀、上進、領悟力又快的人。

我帶他到餐館去，布雷先生眞的將每一道菜，不論材料、料理、還是器皿，全部研究透徹，舉凡眼睛看到的、舌頭嚐到的、肌膚碰觸到的，他統統都要學，而且領悟力非常好。同爲廚師，他對於每道料理都抱持著敬意，絕不失禮於對方，身爲專業美食家，他則嚐遍每一盤料理到最後一滴滋味。

他的料理嗅覺異常敏銳，總能說出許多讓廚師心花怒放的話。這不是他在阿諛奉承，而是發自內心，以自己的體會品嚐日本料理的心得。他總是能夠將一名專業廚師品嚐料理時的想法，精準、漂亮地表達出來。

就像第一章介紹的，後來我帶他去「壬生」時，他說了這麼一番話：「這間店的料理跟我以往吃過的日本菜都不相同，簡直是從泥土中孕育而出的料理，就像直接品嚐大自然的食材一樣」、「我非常感動，因爲料理就該是這麼回事」、「我彷彿重獲新生。」

這位專家，說了一連串激動的感想。就連在廚房的老闆，也不由自主地開口：「你想知道什麼，我可以統統告訴你。有問題儘管問吧！」老闆明明和布雷先生初次見面，卻已經變成他的粉絲了。

布雷先生這令廚師「神魂顚倒」的一面，使他在學習和食的路途上進步神速。

讓教育與商業考驗接軌

○●○

當時的我，身上背負著一個身為校長的課題。

那就是，我希望我們學校的日本料理教授，可以到「業界」進修。不要只是站在講台上，用「紙上談兵」的方式教學生和食，而是親赴戰場，親自感受商場上的嚴峻，再來面對學生。我從以前就有這個想法。

另一個課題，是我在思考和食的未來時，所產生的疑問——「和食可以擴展到全世界嗎？」看著全球各地愈開愈多的和食店與專門料理店，我心中隱隱困惑起來——「如今國外盛行和食，說穿了也僅只於模仿。難道沒有和食，是能夠被外國人眞心接納的嗎？」、「和食只停留在國內，眞的不要緊嗎？」

當然，也有人像紐約「Restaurant日本」的倉岡伸欣先生、舊金山「Restaurant大和」的石崎公一伉儷一樣，從和食熱潮尙未風行的數十年前，就不畏艱難地供應道地而非魚目混珠的和食，因此受到許多外國人以及駐外日本人的喜愛。但這樣的例子畢竟不多。

那時在我面前出現的，正是布雷先生「想開和食店」的夢想。而他本身，也具有我所認可身爲廚師深不可測的潛力。「讓和食挑戰世界」、「嚴峻的國外環境」正是我所渴望的。

在紛飛的思緒中，我情不自禁地開口：「布雷先生，不如我們合夥，一起開和食餐館吧！」

這句話，就是十年後的二〇一一年，由布雷先生與辻調理師集團合作的懷石料理店「Brushstroke」，於紐約開張的契機。

該由誰，又要如何製作？

○●○

當然，我們意氣相投，但到具體簽訂契約爲止，仍然花了很長一時間。換言之，於日本料理界擁有數百年歷史的懷石料理，在面對史上頭一遭「與異國文化正面聯手」的嘗試時，遇到了太多艱困的交涉。談判途中，彼此都有互不相讓的底線。然而，不論談判多麼嚴峻，雙方都不打算放手。到擬定合約爲止，除了經營上的諸多問題以外，要由誰來製作什麼樣的料理，要以怎樣的形式開店，這些營業架構上的概念，最耗時間。我們只能以謹愼又大膽的態度，一點一點縮短彼此的距離。

問題最大的部份在於「人事」。要由誰來做料理呢？要讓誰來負責哪個部份呢？這個環節總是一變再變。

當我們把上述問題都解決後，所有的事物終於步上軌道，在簽訂合約僅僅一年半後，餐廳成功開幕了。

這將近十年的歲月，讓我們歷經了「生產般的陣痛」。但如今我認爲，那正是與異國文化交會時無可避免、邁向往後成功之路時不可或缺的「磨擦」。

例如，有一款由美國與法國合作的名牌酒，叫做「OPUS ONE」。這支酒，是由來自迴異葡萄酒文化圈的羅伯特・蒙岱維（Robert Mondavi）與飛利浦・羅斯柴爾德（Philippe de Rothschild）相遇後，攜手種下葡萄，耗時六年，等葡萄結果後才釀成的。因此「Brushstroke」誕生歷經十年歲月，對我而言絕不漫長，就某種意義上甚至是必然的。

煙與伊美黛夫人

擬定契約的那段期間，我們並不只是坐在桌子前討論。尤其布雷先生是廚師，當他面對身爲技術指導的本校日本料理教師，所擁有的技藝與知識時，他終於忍不住手癢、摩拳擦掌起來。在進行契約談判的同時，我們開始從全方位的角度，像開研討會一樣展開辯論，例如「和食一定要遵守的規範與界限在哪？」、「要百分之百從日本進口食材，在做生意上是不可能的。如果用美國的食材，該怎麼做才能忠實呈現和食的口味？」、「要用哪些元素來設計菜單？」

然而令我困擾的是，布雷先生過去在創作新料理時，並沒有把食譜紀錄下來的習慣。有次他做了即興料理，問我們：「這道怎麼樣？」那眞是難以言喻，太好吃了，雖然完全超出了和食的範疇，卻令人回味無窮。

他曾經用鐵網烤龍蝦，等烤出一點焦香味後，在上頭淋海苔口味的奶油醬。在他高超的手藝之下，那盤龍蝦簡直是天上掉下來的美味。

但之後我請他「再做一次那道菜」，他卻只是「啊……嗯？」地歪著頭。我忿忿不平，認為他在耍人，但那道菜只有他才做得出來，所以也拿他沒轍。這讓我們日本方面的工作人員一個頭兩個大。

題外話，在這研討會中，發生了一點「狀況」。研討會一開始是在布雷先生餐廳的地下廚房舉行，因此布雷先生就在一樓照常營業的情況下，於地下室燃起炭火烤食物，結果煙竟然竄到了一樓，連救護車和消防車都來了。當時最後的客人是伊美黛夫人──菲律賓前總統馬可仕的太太。這件事情，讓伊美黛夫人的祕書大發雷霆。

但伊美黛夫人卻一句抱怨也沒說，只是輕描淡寫安撫道：「沒關係、沒關係，這樣的經驗很難得啊！」不論世人對她的評價如何，她都在我心目中，留下了「比想像中親切溫和」的深刻印象。

排山倒海的失敗

○●○

我們的嘗試並沒有正確答案。就像沒有設計圖卻要蓋房子，沒有航海圖卻在大海中航行，沒有地圖也沒有指南針卻朝著森林裡前行一樣，或許我們反覆的試驗，不過是「有勇無謀」。

同時，我們研究的議題愈來愈多，包含高湯的材料、烤魚與肉時的火侯、炭火的使用方法、炊飯的配料、小菜的作法等等。我們趁著布雷先生的店午休以及爲晚餐備料時，試做了各式各樣的料理，但當時沒有任何一道菜成功。

當然，布雷先生與其他工作人員，都是專業廚師，試做任何料理都會有一定的規模。等到實驗作品完成後，布雷先生就會從一樓邀請與他熟稔的顧客前來試吃。每位工作人員眼睛都睜得比銅鈴還大，緊盯著客人的嘴，等待他們吃了一口後，會說出什麼感想。結果——

「嗯，還不錯啊，挺好吃的。」

這些客人，每一位都與布雷先生熟識，所以幾乎所有人都說：「好吃。」但在專業廚師眼中，一看就知道顧客在說違心之論。

他會那樣說，代表請他們吃沒什麼問題，但不會自己掏錢買來吃。

客人的反應，一眼就被看穿了。比較狠的情況，是有些客人會老實告知：

「我不會再吃第二次。」

總而言之，當時不論我們如何投球，就是無法投進美國人口味的好球帶，每天都在挫折中度過。

「算了，放棄吧！」

有時我和布雷先生兩人，也會不爭氣地說些喪氣話。在我們竭盡所能，仍舊不斷失敗的情況下，自信心已經被粉碎成灰燼了。

終於，布雷先生開始忍不住向西方人的口味靠攏，做出一堆從我們角度來看「完全超越和食範圍」的料理。每當我們日本方希望在這場拔河比賽中，將局勢拉回和食時，布雷先生就會用力的將繩子拉向他那裡，這樣的角力持續了好一陣子。

在這場拔河比賽中，布雷先生與我始終無法對料理的概念「authenticity」（道地）放手。我們心目中的理想菜單，絕對是要秉持和食精神、遵循傳統的，這點毋庸置疑。如果超出了這個範疇，再多的嘗試也枉然。因此爲了找出適合外國人口味的道地和食，我們持續了多年的拔河角力。

從油漆店取名

拔著拔著，漸漸的，我們朝著締結合約前進，裝潢的設計也完成了。我們費盡心力尋找房子，在看了超過十個地點後，終於找到了一間百年前是油漆行的公寓，並且決定在這裡開店。這棟建築被指定爲古蹟，牆上畫著眞實的壁畫，由於它是間油漆行，因此公寓的名字就叫做「Paint Brush Building」。我們從壁畫聯想到毛筆的筆鋒，於是爲餐廳取了「Brushstroke」這個名字。

結果這棟建築物無法成立不動產契約，我們只好回過頭來另尋他處。這時布雷先生提出了一個方案，說他可以提供自己經營其他餐廳的地點（果然還是在翠貝卡）。剛好那間餐廳的使命已經結束了，因此我們決定將它當作據點，開啓新的挑戰。從店裡的大小來看，大約可以容納六十個座位，而且也有足夠的空間做吧臺，讓客人在這裡喝餐前酒並等候用餐。

以正統和食決勝負

那麼，店裡該交給誰掌廚呢？這是個好問題。

那時我腦海中浮現的，是當年三十六歲的山田勳。這名年輕人從本校畢業後，便進入「京都吉兆」（嵐山本店），在當時的料理長，也就是現在已經開了自己的餐館「未在」，並且獲得三星榮譽的老闆兼主廚——石原仁司底下當學徒。

結束在「京都吉兆」的學徒生涯後，他在福岡開了自己的餐館，之後他把店收起來，應本校的邀約，前往紐約工作約四年。那段時間，我一直告訴他：「近期我會開一間懷石料理店，請你再等等。」並且安排他在布雷先生手下工作。

「Brushstroke」開幕後，我便將主廚的位置交給他。

在這四年內，他鉅細靡遺地觀察了紐約客的口味與喜好，到底怎樣程度的日本料理會受紐約人歡迎，廚師又該做出哪些妥協。他親眼目睹我與布雷先生一連串的嘗試與錯誤，所以他知道哪些是authentic（道地的），哪些又是和食的out of flame（範疇外），他用他的所見所聞去感受。因此，他絕對稱得上站在最前線、對客人了解、最深厚的廚師。

我相信他。因此我宣佈「把一切都交給你」後，餐廳便緊鑼密鼓地開張了。

用番茄熬高湯

○●○

構思外國人能接受的和食時，最重要的關鍵在於如何熬煮所有料理的基礎——高湯。

高湯用的昆布是從北海道進口的優質產品，水因爲成本的關係，只能用紐約的自來水。雖然它本身的味道不夠溫潤，但熬成高湯還是很美味的。

問題在於，即使精心製作了高湯，以現在紐約客的口味來看，直接端出清湯恐怕不會被接受。一定要加入某些磨碎的材料，做得像「濃湯」一樣。像是玉米、青豆、蠶豆、蘆筍等等。其實我希望所有端出的料理都能像御椀一樣乾淨透徹，但以紐約人口味的現狀來看，這個階段我們須要的是「濃湯」。

至於鮮味，除了昆布與柴魚以外，有時我們也會使用番茄露來代替高湯。把去皮、搗成泥狀的番茄用布包起來，吊起來靜置一晚，就會滴滴答答落下透明的番茄露。不但具有爽口的番茄風味與香氣，豐富的麩醯胺酸也讓它的滋味極其鮮美。

用番茄露替代做三杯醋[24]時添加的高湯，就能將料理的酸味與香氣引導出來。若是以鐵網烘烤的帶殼龍蝦與螃蟹料理，用柴魚高湯容易搶走螃蟹的鮮味，改成添上番茄露凍與柑橘醋凍，不但能襯托出龍蝦與螃蟹的鮮甜，口感也很清爽，非常適合當作夏天消暑的料理。最困難的是燒烤。銀鱈、石狗公這類在美國捕撈的魚，水分、油脂都很多。在日本，只要將魚抹鹽，或像西京漬一樣用味噌醃起來，除了能消去魚類特有的腥味並增添香氣外，還能將多餘的水分逼出，因

24 用各一杯的醬油、醋、味醂烹調的料理。

此烤起來充滿濃縮的美味。但在美國人眼中，這樣的魚根本就乾巴巴的，他們希望魚可以多汁鮮美。

為了忠於和食技術，又讓美國人覺得好吃，我們想出了一個方法，那就是將帶有魚腥味的水分徹底逼出，再浸泡番茄露補充水分，讓魚肉吃起來飽滿多汁，然後以味噌醃漬、低溫烘烤，讓味噌的香味飄散出來。自從我們研發出這個方法後，所有的客人都會把烤魚吃得一乾二淨。

除了烤魚以外，我們也有供應烤肉。原本懷石料理的流程，應該是朝著最後一道菜（飯類）緩緩邁入尾聲，但對於吃慣西餐的紐約人而言，最後的高潮還是得用肉類料理來收尾。在「Brushstroke」有一道客人非常喜愛的主菜，那就是將已用焙茶燻過的鴨肉以低溫烤得軟嫩，再淋上帶有焙茶香氣的油所做成的烤鴨料理。

生魚片同樣受到紐約客歡迎。

我想這應該是受到已經持續二、三十年的壽司風潮影響。能夠毫不抗拒地吃下白肉魚生魚片，這是他們口味上最大的改變。

吃慣壽司的客人，也愛吃光物[25]、章魚與花枝。大致上只要是日本人愛吃的，不論端出什麼，他們都照單全收。如今，生魚片已經是來店裡用餐的客人最期待的料理之一了。

但他們也對生魚片的新鮮度非常講究，如果不比壽司新鮮，他們就不肯食用。另一個問題是，即使我們想把日本人心目中的白肉魚滋味與口感供應給顧客，也會因爲食材的不同，而導致不如預期。

於是我建議，不如將生魚片做成拌菜。像是用昆布包起來冰上一晚，或是像甲殼類一樣用三杯醋涼拌，或者與紫蘇、茗荷拌在一塊。不要太執著於生魚片本身，一股腦地只想靠魚的鮮度與醬油一決勝負，而要讓客人品嚐我們烹調出來的整體美味，在他們心中建立出新的生魚片價值觀，用變化球投向紐約人的好球帶，而非直球。

儘管布雷先生與我提倡的概念非常明確，就是「authenticity」（道地），但面對外國人，即使我們用力推薦日本人的道地口味，有時美味還是無法傳遞過去。但若一味討好外國人的喜好，而喪失了日本料理技術的本質，那就超過和食的範疇了。

25 魚皮會發亮的魚，如秋刀魚、鯖魚、沙丁魚等。

因此我們必須謹守最後一道防線，卻又適時妥協。

這就是「Brushstroke」從每天為客人製作料理中，學會的道理。

眼睜睜地看著客人反應不佳，還得一邊製作料理，是非常煎熬的。但正因為碰到了異國文化這堵高牆，我們才會不得不「轉變」，踏出下一步。客人針對我們的改變，也會迅速給予回饋。這正是我想讓本校教職員體驗「和食革新」轉換的第一現場。

評論家怎麼看

○●○

那麼，現在大家又是如何評價我們店內的料理呢？來看看紐約媒體的評論吧！

「布雷與夥伴辻調理師集團攜手合作，歷經數千小時的研究及反覆試驗，只為完成他們的菜單。料理是藝術，也是成熟技術的展現，而他們成功捉住了這點。」

二〇一一年七月十二日的紐約時報上，評論家山姆・西夫頓（Sam Sifton）評論摘錄如下：

「『Brushstroke』供應的餐點，稱作懷石料理，是『日本的高級料理』。它由許許多多的菜色組成，並以豐富多變的食材口味、外觀、質感、色彩、溫度調合而成。這種料理強調季節感，就像一幅畫一樣。這證明了和食進步的學問，以及它是如何地考究。」

「飄著蛤蜊香氣的御椀中，擺著一口大小的扇貝龍蝦真薯[26]。和食的基礎——高湯，是用昆布與柴魚熬成的，加上蛤蜊精華與帶有煙燻味的炒小龍蝦，味道鮮明立體。整碗湯就像一個珠寶盒。」

「烤銀鱈用芝麻醬醃過，海膽上撒了開心果的粉末，淋上水芹醬汁。巨大的牡蠣切成了一口大小，與梅子果凍和海草一起盛進殼裡，充滿了故事性。」

「打開茶碗蒸的蓋子，黑松露那誘人的香氣撲面而來，裡頭藏著黃道蟹海岸礁岩的氣味，兩者在口中相遇，滋味更是無與倫比。」

26 將魚蝦、貝類的肉磨碎，加上山藥泥與高湯，或蒸或炸的料理。

「烤鴨與淋上味噌芥末醬汁的茄子沙拉，堪稱完美。竟然能用東洋的食材，做出法國料理濃郁豐富的滋味，這是不同文化的絕妙融合。」

「和牛牛排的肉質軟嫩得令人驚訝，搭配讓舌頭麻痺、強烈鮮明的山椒與蒜蓉醬；表面稍微烤過的和牛生肉片則是搭配柑橘醋醬，令人食指大動。」

「最後的飯是可以選口味的。像是飯上撒滿生魚和其他配料的『散壽司』，或者搭配稍微調味的生鮪魚、以高湯煮成的白飯。最受歡迎的是將黃道蟹、龍蝦、米一塊用陶鍋煮，撒上秋葵的炊飯。令人意外的是，與其穿正式禮服將它視為晚宴的餐點來品嚐，我更希望穿著圓領T-shirt輕鬆地享用它們。」

「甜點是豆漿奶酪，荔枝與日本酒口味的冰沙佐蜂蜜粉。與餐點搭配的倒焙茶服務，從頭到尾都不曾間斷。」

以上菜單，八道菜是八十五美元，十道菜是一百三十五美元，另外也有素食套餐，幾乎每天都有客人點。

店裡所有的食材都盡量以能在紐約市場買到的為主，從日本進口的只有熬高湯用的昆布、柴魚、海苔這類乾貨，以及部份不易腐敗的魚、味噌、酒等調味料。所以我們才能以這樣的價格呈現出高質感。

直至二〇一三年的今天，餐館已經邁入第三年，在經營上逐漸穩定下來。客人開始會指名來「Brushstroke」用餐，當中應該也包含了不少常來的熟客。

在經營方面，現在晚上已經可以做到兩輪。但以美金八十五元與一百三十五元的定價而言，實在很難讓料理的水準飛躍性地提昇。

之後的兩年，我想摸索該如何更進一步提高料理的品質。我想用更好的食材，以我們心目中理想的等級來供應料理。這樣除了能提昇餐館的層次，也能更接近「在國外供應道地懷石料理」的目標。

爲此，我們從營運的觀點出發，開始提供外燴服務，今後也會研究能否供應午餐。爲了提高隱私，店裡也必須加裝隔間。

從周遭環境而言，未來最好能把店面遷到鄰近翠貝卡的世貿中心遺址（Ground Zero）因爲那裡一天將近有一萬名上班族往返。雖然這件事情至少還得再花三年規劃。

就現狀來看，即使翠貝卡景氣復甦，店裡也只有五十六個座位，廚房只有山田與兩位本校的技術教職人員，以及八名韓國人與墨西哥人等工作人員，要實現理想是很困難的，這個案子也會擱淺。我應該忍耐三年呢？還是自行找出突破的方法？

我想這正是癥結所在。

將壽司剔除的挑戰

○●○

這兩年半來最大的決定，就是不在套餐中供應壽司。壽司，尤其是江戶前握壽司，在外國文化中，幾乎是和食的象徵。絕大多數的外國人，都是從壽司開始熟悉和食的，而它也以健康美食的頭銜，受到外國人壓倒性的喜愛。

因此，將壽司納入套餐中供客人挑選，自然絕大數的外國人都會認爲最後要以壽司收尾，而變成只點有壽司的套餐。

但我們的主題，是如何讓道地的和食符合外國人的口味，若壽司變成主角，將會使我們非常困擾，即便那個套餐再怎麼熱賣。

布雷先生也贊同我的意見，於是他提議將壽司從套餐中移除，改成只在靠近入口、用餐臺改造成的吧臺供應，然後聘請曼哈頓知名壽司店「市村」的優秀壽司師傅——市村榮司先生坐鎮，讓壽司與懷石料理分開、獨立出來。我非常贊同他的意見。

於是我們規劃了一個壽司區，裡頭僅一個能容納八人的餐臺，以及一張四個位子的桌子。當時我們並沒有在外頭擺出壽司的看板，因此媒體稱呼我們是「隱藏版祕密壽司店」，結果僅三個月，店裡壽司的美味就一傳十、十傳百了。

市村先生負責掌廚，從他還在前一間店服務時，就不斷有客人慕名而來，指定要吃他做的壽司。現在的紐約人也偏向「我想吃那位師傅捏的壽司」，而不是「我想吃那間店的壽司」。市村先生正是一位擁有饕客級粉絲的師傅，在一個月前定位就會全數額滿。

壽司的每人平均消費金額是一百三十美元。食材從日本進口與從紐約市場買進的各佔一半。如今，這裡已經變成紐約屈指可數的熱門壽司店了。

提高服務品質

○●○

我們未來的方向，是確保顧客的回頭率，為此，服務品質一定得更上一層樓。

想在國外長久經營正統的懷石料理店，除了得營造環境，讓客人用誠懇的態度面對食物以外，也要有相應的服務。只要缺乏其中一項，即使料理水準提高了，也是枉然。

然而想提昇服務的品質與空間的質感，勢必得擁有成熟的餐廳文化，我認為這種為外國人和食啓蒙的概念，將是本店必要的課題之一。

為了讓客人能好好面對料理、將精神集中在菜餚上，店內勢必得提供具有一定隱私程度的空間，最好能讓客人一坐在餐桌前，立刻沉浸在自己的世界裡。先達到這點，我們再來提供高水準的料理。不只屏風與插花，屬於紐約自己的（在日本和食店根本不會出現的）音樂與燈光效果也在我們的考慮範圍內。

另外，由於餐臺也是舞臺的一種，因此廚師們一定要在這座舞臺上，為料理收尾、展示給客人看。但以現況而言，由於廚房構造與動線的問題，主廚只能在內場工作，換句話說，我們雖有舞臺，卻沒有人站在上頭。因此把餐臺改造成能讓主廚露一手給客人欣賞的廚房，也是必要的工程。

向外國文化發聲的困難之處

○●○

就這樣，「Brushstroke」開店至今已超過兩年，其中向外國文化「發聲」的種種困難，同時也象徵了這個計畫啓動之時，我在學校內取得共識的經過。

在開店前的階段，我召集了日本料理的技術教職人員，在東京與大阪，舉辦了「爲何推動這個計畫」的說明會。剛開始，許多教職人員都感到困惑，認爲本計畫的主旨並不適切。不少人納悶：「怎麼突然在這時候這麼做？」而這正道盡了至今爲止國內和食料理文化的立場。

當然，這間餐館其實是一樁產學合作案，將由身爲培育專業廚師教育機構的本校來經營，而我認爲從思考未來教育的方向性來看，這裡有著非常重要的課題值得我們探討。不論是將餐廳當作商業來經營的策略方法，還是研究如何運用料理技術轉換菜餚，讓和食的口味被外國人接受，在這間餐館實做，都是最有效的。

儘管本校不少技術教職人員，過去都曾在歐洲、香港的餐廳或甜點店拜師學藝，體驗過外國文化，然而一旦他們身為老師（除了老師之外，教育機構也是），就不該只把目標放在鑽研技藝上，而要將眼光放遠，親臨國外研究餐廳經營學。然後再將他們在國外學到的東西，當作經營管理的研究個案，還原給學生，我認為這具有非常重大的意義。

針對異國文化轉換料理，在法國料理與義大利料理界，其實是司空見慣的事。但在日本料理，這樣知識系統卻不曾被建立起來。要讓日本料理今後名揚海外，就一定得培育學會這些方法的師傅與技術人員。

可喜的是，今年夏天，在山田回國時舉辦的專案過程報告會議上，日本料理的技術教職人員幾乎全數到齊，連在案子啓動前持懷疑態度的老師們，也聚精會神地聽著山田的分享。這代表身為專業的廚師，他們對於和食是否眞的能被外國人接受，很感興趣。大家的討論非常熱絡，預定的時間甚至差點不夠。如果這場會議，能成爲讓這些料理專家思考「今後的和食不該只爲了日本人而做」的契機，那這個產學合作的實驗就算成功了。

或許有人會懷疑，日本料理是否眞的有必要「轉換」。事實卻是，只要日本人侷限在只爲日本人做和食的框架裡，技術就不可能進步、深化。坦然面對外國文化，讓和食「轉換」，絕對是和食技術人員應該思考的有效改革方法之一。

和食並不只是爲了日本人而存在的。在國外，同樣能展現和食。而我認爲，要達到這一步，最欠卻的就是具有多面性、多樣性的餐飲教育。

將在傳統與革新中誕生的和食技術，以靈活的思維向外國文化發聲，並用全球視野來重新檢視和食，然後把以和食爲志業的年輕人，培育成能足以活躍於世界舞臺的專業廚師。這是我身處教壇，最大的夢想之一。

享受拉鋸的團隊合作

○●○

可喜的是，現在的「Brushstroke」擁有一支優秀的團隊。布雷先生如同在本店「布雷」時一樣，頻繁出現在店裡，並且提出具體的意見，像是「這道菜這樣做比較好吃。」這時山田就會依照他的建議，將料理試做出來。如果我也在場，就會提議：「這個步驟可以再多一點」或是「如果把這個食材變成這樣如何？」於是每一道菜的品質，乃至整間店的裝潢、服務，便在這樣的作業環境下逐漸提昇。

例如，這個作業催生了一道熱門的餐點——「松露茶碗蒸」。

布雷先生向來喜愛茶碗蒸，某次他突然提議：「把松露放進去吧！」於是山田就在上頭加了松露凍來試做。當時因考量到卡路里，所以是用豆漿爲基底來做茶碗蒸，但豆漿與食材的搭配味道稍嫌淡薄，於是我便加以修正，請山田「用蛋做茶碗蒸」。由於美國的蛋不像日本的那麼香，爲了讓它與松露對味，就得從雞的飼料配方開始改良。

當然，松露與茶碗蒸的組合，對於和食師傅而言，根本就是邪門歪道。然而，會出現這樣的食譜，無非是因爲我們已經學會了教訓，唯有廚師貼近顧客的需求、顧客也貼近廚師，彼此才能在臨界點上互相妥協。

到哪裡算日本，從哪裡開始又是美國，這樣的界定戰，每天都在上演。

就這樣，布雷先生負責開發，山田先生製作，我來確認微調。在這樣的團隊合作下，我們創造出了一個個不同的口味。但在面對美國顧客長期製作料理的情況下，味覺難免受到美國人影響，因此爲了避免上述情況發生，我們也會經常確認料理的口味，然後彼此發揮長處。布雷先生與我，都很享受這樣的拉鋸。

後記

「當你認為自己真正了解一件事情，就將它寫成一本書。」

這句話出自英國人，但我卻常從家父辻靜雄口中聽到它。

對於從十二歲至二十七歲都在國外生活的我而言，或許正是受到這句話的引導，才興起了將和食乃至日本餐飲的歷史與文化撰寫成書的念頭。

一九六〇年辻調理師專門學校成立後，過了四年，日本舉辦了東京奧運，從戰後完全復興，重新邁向國際社會，舉國歡騰。在那樣的時空背景下，辻調理師集團開始致力於向日本介紹真正的法國料理、義大利料理與中國料理，使之在日本國土深根發芽。

之後到了一九八〇年，家父在里昂近郊設立了辻調集團法國分校，營造了一個理想環境，讓學生能使用當地的食材，從烹調技術與飲食習慣中學習法國的餐飲文化。從法國分校畢業後，許多學生繼續前往法國各地的餐廳、甜點店擔任學徒，回國後在業界建立起自己的一片天，這樣的校友超過了六千人。

接著到了二十一世紀。現在辻調理師集團的教職人員們，甚至得遠赴韓國、泰國，教授日本料理、法國料理、義大利料理、甜點與麵包。同時，這四、五年來，留學生的人數一下子增加了三倍。這是一個年輕人遠從亞洲及遙遠的歐美，來到日本學習料理與甜點的時代。

我曾經與在辻調理師專門學校的進階教育機構辻調理技術研究所，修日本料理研究課程的韓國留學生一起吃懷石料理，當作課程的一環。當時該研究所有一種稱爲「模擬餐廳」的課程，學生會分爲「料理製作組」、「服務接待組」與「試吃客人組」，不僅製作料理，也學習互相評比。當時那位韓國留學生，將「八寸」放在眼前，盯了好一會兒，始終不動筷。我問他怎麼了，他回答：「校長，這個八寸的擺盤，在空間上的『間隔』是不是太大了？」

正式學習日本料理才剛邁入第二年的他，竟然已經察覺到眼前八寸擺盤有些鬆散。

他不僅僅是來學習「擺盤」的技巧，對懷石料理外觀的設計、構圖也充滿了好奇，且領悟力令我嘖嘖稱奇。除了學習表面的烹飪技術外，他更以敏銳的感官，碰觸這個日本料理想表達的世界。這使我萌生了一個想法。

每每像這樣接觸留學生們眞摯的學習態度，我便彷彿在他們身上，看見本校創始人——家父辻靜雄與教職元老們，那不只是學習外國料理技術，同時也拚命汲取該國背景飲食文化的身影。

因此無論如何，我都想把和食的精采、日本飲食文化的奧妙，傳達給留學生們。我想讓在國外長大的他們，體驗這個國家的飲食文化有多麼豐富。然而，要做到這點，只用「上對下」的態度指導是行不通的，對於「教育」，我們必須隨時虛懷若谷。藉由傳達、教導來自國外的他們，我們日本人一定也能受益良多。

二〇二〇年，日本即將舉行第二次的東京奧運。在酷日本（Cool Japan）席捲全球的今日，世界各地年輕人紛紛醉心於日本的漫畫、動畫、時尚。如果他們也能同樣將目標擺在日本飲食文化的多樣性與豐富的餐桌風景上，我們就能同以地球人的身份，尊重彼此的文化，將日本的「餐桌」創造成多元文化共生社會的典範，難道還有比這更美好的事情嗎？

爲了實現這夢想中的風景，我們必須克服許許多多的課題。以活動的形式，將和食推向世界舞臺的階段，已經結束了。接下來更重要的，是永續教育。

本校接受外務省的委託，自一九九三年起，歷經二十年，成立了一個在泰國曼谷培育官邸廚師（在世界各地隸屬於日本大使館的大使官邸中，製作專業日本料理的廚師）計畫，我們不只在一定的期間內，教導泰國廚師技術，還建構起讓他們到大使官邸任職後，輪流指導後輩的永續「教育系統」。並與都斯塔尼管理學院（Dusit Thani College）合作開設日本料理講座，踏出了在國外實施正統日本料理教育的第一步。

這次和食能夠被聯合國教科文組織登錄爲世界無形文化遺產，身爲略盡棉薄之力的其中一人，我感到由衷地歡喜。另一方面，我也決定肩負起向全球「守護」日本飲食文化的重擔。當然，日本的飲食文化非常堅固，問題在於，我們要爲日本飲食文化的未來，規劃怎樣的藍圖？

我們不能讓登錄只是一個短暫的熱潮，然後被世人遺忘。爲了繼承並且永續發展飲食文化，我們必須挑起每個人所能承擔的責任，做我們能做到的事。

就像許多學者指出的，二十一世紀最大的課題，是糧食匱乏。人類雖能以文化的形式，建立起飲食世界，但又要如何才能持續生產支撐該世界的食材？和食確實是精采萬分，但它卻暴露在生產線疲弊，甚至有可能消滅的危機下。這個難題，是支撐著「飲食文化」的我們，所不得不面對的。

因此做料理的人，勢必得化身意見領袖，運用高超的手藝，將食材的美味、生產食材的農漁業、各式各樣精湛的加工技術，傳遞給眾人。我希望在日本、在全世界，培育出像這樣承擔起社會責任的年輕人。

這次，我在書中談論了和食的「過去、現在、未來」，對於並非日本飲食文化學者的我而言，受到了許多人的照顧。尤其是提醒我以歷史觀點縱觀日本飲食文化的國士館大學園田教授，感謝他百忙之中抽空指導，我想藉由後記，再次重申對他的感謝。

我也要對迅速答應本書採訪的成澤由浩先生、中東久雄先生、石田廣義先生、吉村良知先生、藤田怜美小姐，致上謝意。

這本書獲得了許多人的幫助才能完成，當中若有錯誤、瑕疵，我將全權負責。另外，在對於日本文化的反省上，尚有「各地保留的鄉土料理與物產的重要性」、「飲食生活所產生的社會問題」、「現今日本飲食風景中欠缺的事物」等主題，因篇幅的限制，而無法納入本書中，我想將它們當作今後的習題。我相信，一定有讀者對於我在書中談及的日本飲食文化，抱持疑問或不同的想法。希望未來有機會，我能邀請這些讀者一同深入探討「和食的世界」，那將是我至高的榮幸。

最後，我想謝謝製作本書時，總是陪伴我取材、發想架構的神山典士先生，這段時間承蒙您照顧了。我也要感謝新潮社的大家，給了我許多珍貴的意見，謝謝你們。

最後，我還要感謝從企劃階段就全力支持我的辻調理師集團企劃部的小山伸二先生，以及辻靜雄料理教育研究室的八木尙子小姐，謝謝你們。

二〇一三年十一月

辻 芳樹

主要參考文獻

《江戸の食生活》原田信男（岩波現代文庫）
《和食與日本文化：日本料理的社會史》原田信男（三聯出版）
《日本人は何を食べてきたか》原田信男（角川ソフィア文庫）
《料理百珍集》原田信男：校註・解說（八坂書房）
《日本中世の非農業民と天皇》網野善彦（岩波書店）
《近世風俗志——守貞謾稿》（1巻）（5巻）喜田川守貞／宇佐美英機：校訂（岩波文庫）
《寿司の本》篠田統（柴田書店）
《南方録を読む》熊倉功夫（淡交社）
《韓国の食》黃慧性＋石毛直道（平凡社）
《吉兆料理花伝》湯木貞一＋辻靜雄（新潮社）
《辻靜雄著作集》辻靜雄（新潮社）

《料理に「究極」なし》辻靜雄（文藝春秋）
《Japanese cooking: A simple art》辻靜雄（講談社インターナショナル）
《大阪食文化大全》笹井良隆（浪速魚菜の会）：編著（西日本出版社）
《江戸の旅文化》神崎宣武（岩波新書）
《観光都市 江戸の誕生》安藤優一郎（新潮新書）
《茶の湯の歴史　千利休まで》熊倉功夫（朝日選書）
《逝きし世の面影》渡辺京二（平凡社ライブラリー）
《昆布と日本人》奥井隆（日経プレミアシリーズ）
《日本料理史考》中澤正（柴田書店）
《全集　世界の食料　世界の農村　24アジア漁業の発展と日本》廣吉勝治ほか（農山漁村文化協会）
《巨大都市江戸が和食をつくった》渡辺善次郎（農山漁村文化協会）
《農耕社会の成立　シリーズ日本古代史①》石川日出志（岩波新書）
《近世「食い倒れ」考》渡邊忠司（東方出版）

國家圖書館出版品預行編目（CIP）資料

和食力：日本料理躋身美食世界文化遺產的幕後祕密 / 辻芳樹作；蘇暐婷譯. -- 初版. -- 臺北市：麥浩斯出版：家庭傳媒城邦分公司發行, 2015.11
面； 公分
ISBN 978-986-408-087-8(平裝)
1.飲食風俗 2.文化 3.日本

538.7831　　104019456

和食力
日本料理躋身美食世界文化遺產的幕後祕密

作者　辻芳樹
譯者　蘇暐婷
責任編輯　廖婉書
封面設計　三人制創
發行人　何飛鵬
事業群發行人　許彩雪
社長　許彩雪
出版　城邦文化事業股份有限公司　麥浩斯出版
E-mail　cs@myhomelife.com.tw
地址　104台北市中山區民生東路二段141號6樓
電話　02-2500-7578
發行　英屬蓋曼群島商家庭傳媒股份有限公司城邦分公司
地址　104台北市中山區民生東路二段149號10樓
讀者服務專線　0800-020-299（09:30～12:00;13:30～17:00）
讀者服務傳真　02-2517-0999
讀者服務信箱　csc@cite.com.tw
劃撥帳號　1983-3516
劃撥戶名　英屬蓋曼群島商家庭傳媒股份有限公司城邦分公司
香港發行　城邦（香港）出版集團有限公司
地址　香港灣仔駱克道193號東超商業中心1樓
電話　852-2508-6231
傳真　852-2578-9337
馬新發行　城邦（馬新）出版集團Cite（M） Sdn. Bhd.（458372U）
地址　11, Jalan 30D/146, Desa Tasik, Sungai Besi, 57000 Kuala Lumpur, Malaysia.
電話　603-90563833
傳真　603-90562833
總經銷　高見文化行銷股份有限公司
電話　02-29178022
傳真　02-29156275
製版　沐春行銷創意有限公司
定價　新台幣360元／港幣120元
2015年11月初版一刷・Printed In Taiwan